M. Monjot

I

traité des excitants modernes

Tout ce qui [...] atteint
les muqueuses abrège
la vie 1er axiome

§ I.

LA QUESTION POSÉE.

L'absorption de cinq substances, découvertes depuis environ deux siècles, et introduites dans l'économie humaine, a pris depuis quelques années des développemens si excessifs, que les sociétés modernes peuvent s'en trouver modifiées d'une manière inappréciable. Ces cinq substances sont :

1° L'eau-de-vie ou l'alcool, base de toutes les liqueurs, dont l'apparition date des dernières années du règne de Louis XIV, et qui furent inventées pour réchauffer les glaces de sa vieillesse.

2° Le sucre. Cette substance n'a envahi l'alimentation populaire que récemment, alors que l'industrie française a su la fabriquer en grandes quantités et la remettre à son ancien prix, lequel diminuera certes encore, malgré le fisc, qui la guette pour l'imposer.

3° Le thé, connu depuis une cinquantaine d'années.

4° Le café. Quoi qu'anciennement découvert par les Arabes, l'Europe ne fit un grand usage de cet excitant que vers le milieu du dix-huitième siècle.

5° Le tabac, dont l'usage par la combustion n'est devenu général que depuis la paix en France.

Examinons d'abord la question, en nous plaçant au point de vue le plus élevé.

Une portion quelconque de la force humaine est appliquée à la satisfaction d'un besoin ; il en résulte cette sensation, variable selon les tempéramens et selon les climats, que nous appelons *plaisir*. Nos organes sont les ministres de nos plaisirs. Presque tous ont une destination double : ils appréhendent des substances, nous les incorporent, puis les restituent, en tout ou en partie, sous une forme quelconque, au réservoir commun, la terre. Ce peu de mots est la chimie de la vie humaine. Les savans ne mordront point sur cette formule. Vous ne trouverez pas un sens, et par sens il faut entendre tout son appareil, qui n'obéisse à cette charte, en quelque région qu'il fasse ses évolutions. Tout excès se base sur un plaisir que l'homme veut répéter au-delà des lois ordinaires, promulguées par la nature. Moins la force humaine est occupée, plus elle tend à l'excès, la pensée l'y porte irrésistiblement.

1 et excessif

+ ou à l'air moyen
l'ensemble dans lequel
tous les états corps
puisent leurs forces
néocréatrices

+++ comprend t

I.

Pour l'homme social, vivre, c'est se dépenser plus ou moins vite.

Il suit de là que plus les sociétés sont civilisées et tranquilles, plus elles s'engagent dans la voie des excès. L'état de paix est un état funeste à certains individus. Peut-être est-ce là ce qui a fait dire à Napoléon : *La guerre est un état naturel.*

Pour absorber, résorber, décomposer, s'assimiler, rendre ou recréer quelque substance que ce soit, opérations qui constituent le mécanisme de tout plaisir sans exception, l'homme envoie sa force ou une partie de sa force dans celui ou ceux des organes qui sont les ministres du plaisir affectionné.

La Nature veut que tous les organes participent à la vie dans des proportions égales ; tandis que la Société développe chez les hommes une sorte de soif pour tel ou tel plaisir dont la satisfaction porte dans

les axiomes italique

Honoré de Balzac

ABHANDLUNG ÜBER MODERNE STIMULANZIEN

Aus dem Französischen,
herausgegeben und mit einem Nachwort
von Andreas Mayer

FRIEDENAUER PRESSE

ABHANDLUNG ÜBER MODERNE STIMULANZIEN

*Alle Exzesse, die die Schleimhäute angreifen,
verkürzen die Lebensdauer.*

7. Axiom

§ 1

DIE FRAGESTELLUNG

Die Einnahme von fünf Substanzen, die etwa im Lauf der letzten zweihundert Jahre entdeckt und in den Lebenshaushalt des Menschen eingeführt worden sind, hat seit einigen Jahren derart exzessive Ausmaße angenommen, dass sich die modernen Gesellschaften dadurch in einer noch nicht abzuschätzenden Weise verändern dürften. Diese fünf Substanzen sind:

1. Der Branntwein oder der Alkohol, Grundlage aller Liköre, deren Entstehung in die letzten Jahre der Herrschaft Ludwigs XIV. fällt und die man erfand, um das schwache Lebensfeuer seines Alters wieder anzufachen.[1]

2. Der Zucker. Dieser Stoff hat erst jüngst die Volksernährung überschwemmt, seitdem der französischen Industrie seine massenhafte Produktion und das Zurücksetzen auf seinen alten Preis gelungen ist, der sicherlich noch sinken wird, trotz seiner drohenden Besteuerung durch den Fiskus.

3. Der Tee, bekannt seit ungefähr fünfzig Jahren.[2]

4. Der Kaffee. Ungeachtet der frühen Entdeckung dieses Stimulans durch die Araber hat man in Europa davon erst gegen Mitte des achtzehnten Jahrhunderts erheblichen Gebrauch gemacht.

5. Der Tabak, dessen Konsum durch das Anzünden sich in Frankreich erst seit dem Frieden allgemein und exzessiv verbreitet hat.

Untersuchen wir zunächst das Problem, indem wir es von der höchsten Warte aus betrachten.

Ein bestimmter Teil der menschlichen Kraft wird zur Befriedigung eines Bedürfnisses aufgewendet; daraus ergibt sich jene Empfindung, die je nach Temperament und Klimazone unterschiedlich ausfällt und die wir *Lust* nennen. Unsere Organe sind die Gehilfen unserer Lüste. Beinahe alle haben eine zweifache Bestimmung: Sie nehmen gewisse Stoffe auf, speisen sie in unseren Körper ein, erstatten sie dann, ganz oder teilweise, in irgendeiner Form dem allgemeinen Reservoir zurück, der Erde oder der Atmosphäre, jenem Arsenal, aus dem alle Geschöpfe ihre *neokreativen*[3] Kräfte beziehen. Diese wenigen Worte enthalten die ganze Chemie des menschlichen Lebens. Die Wissenschaftler dürften an dieser Formel wohl kaum etwas bekritteln. Werden Sie doch nicht einen einzigen Sinn finden, und unter Sinn ist hier dessen gesamter Apparat zu verstehen, der nicht dieser Satzung gehorchte, in welcher Region auch immer seine Entwicklung sich vollziehen mag. Jeder Exzess gründet in einer Lustempfindung, die der Mensch jenseits der gemeinen, von der Natur gegebenen Gesetze erneuern möchte. Je weniger die menschlichen Kräfte beansprucht werden, desto mehr neigen sie zu Exzessen, das Denken treibt sie unaufhaltsam dahin.

I

Für den Menschen als soziales Wesen bedeutet leben, sich mehr oder weniger rasch zu verbrauchen.

Daraus folgt, dass je zivilisierter und befriedeter eine Gesellschaft ist, sie desto eher den Pfad der Ausschweifungen beschreiten wird. Die Friedenszeit ist für gewisse Personen ein Zustand des Unsegens. Vielleicht veranlasste dies Napoleon zu seinem Ausspruch: »Der Krieg ist ein Naturzustand.«[4]

Zum Absorbieren, Resorbieren, Auflösen, Umwandeln, Ausscheiden oder Wiederherstellen irgendeiner beliebigen Substanz, jenen Vorgängen, in denen sich der Mechanismus einer jeglichen Lust restlos erschöpft, sendet der Mensch seine Kraft oder einen Teil davon in die betreffenden Körperorgane, die als Gehilfen der jeweils bevorzugten Lust dienen.

Dem Willen der NATUR gemäß tragen alle Organe gleichermaßen zum Leben bei; wohingegen die GESELLSCHAFT im Menschen eine Art Hunger nach dieser oder jener Lust nährt, deren Befriedigung das eine oder andere Organ mit mehr Kraft ausstattet, als ihm zusteht, und oft sogar mit der ganzen Kraft; die zu ihrer Versorgung gebrauchten Zuflüsse verlassen die beraubten Organe in einer Größenordnung, die äquivalent zu der von den gefräßigen Organen abgezogenen Menge ist. Das führt zu Erkrankungen und letzten Endes zur Verkürzung des Lebens. Diese Theorie ist von erschreckender Gewissheit wie alle Theorien, die auf Tatsachen gründen und nicht a priori verkündet werden. Beleben Sie durch anhaltende geistige Arbeit Ihr Gehirn, so entfaltet sich die Kraft darin, weitet dessen feinste Membranen, bereichert dessen Mark; mittlerweile ist sie jedoch aus dem Zwischengeschoss gewichen, sodass der geniale Mensch von jener Krankheit heimgesucht wird, die die Medizin zutreffend als *Impotenz* bezeichnet. Verbringen Sie Ihr Leben hingegen zu Füßen eines

Diwans, auf dem unvorstellbar bezaubernde Frauen lagern, und frönen auf unerschrockene Weise der Liebeslust, so werden Sie am Ende fürwahr zum abtrünnigen Franziskaner. Die Intelligenz ist in den hohen Sphären der Empfängnis funktionsuntüchtig. Die wahre Stärke liegt irgendwo zwischen diesen beiden Extremen. Kämpft der geniale Mensch zugleich an den Fronten des intellektuellen und des erotischen Lebens, so stirbt er genauso wie Raffael und Lord Byron.[5] In der Keuschheit kommt man durch maßloses Arbeiten um, wie sonst durch Ausschweifungen; doch ist diese Todesart äußerst selten. Exzesse mit Tabak, Kaffee, Opium oder Branntwein verursachen schwere Störungen und führen zu einem frühen Tod. Das ohne Unterlass gereizte und genährte Organ fällt der Hypertrophie anheim: Es schwillt zu abnormer Größe an, nimmt Schaden und verpestet die Maschine, die zusammenbricht.

Ein jeder ist sein eigener Herr, ganz nach der modernen Satzung; sollten aber die wählbaren Bürger und die Proletarier[6] beim Lesen dieser Zeilen meinen, sie schadeten nur sich selbst, wenn sie Tabak rauchen wie die Schleppkähne oder sich wie Alexander der Große dem Suff hingeben,[7] so erliegen sie einer befremdlichen Täuschung; sie verderben die Rasse, bastardisieren die Nachkommenschaft, wodurch die Nationen untergehen. Eine Generation hat nicht das Recht, die nächste zu schwächen.

II

Die Ernährung zeugt die Generation.[8]

Dieses Axiom sollte in goldenen Lettern an den Wänden Ihrer Speisezimmer prangen. Es ist eigenartig, dass Brillat-Savarin, nachdem er an die Wissenschaft die Forderung gerichtet hatte, die Nomenklatur der Sinne um den *Zeugungssinn* zu erweitern,[9] nicht die Verknüpfungen bemerkt hat, die zwischen den Erzeugnissen des Menschen und den die Voraussetzungen seiner Lebenskräfte verändernden Substanzen bestehen. Mit welchem Vergnügen hätte ich bei ihm nicht den folgenden Satz gelesen:

III

Die Fischzucht bringt uns die Töchter, die Fleischhauerei gebiert die Söhne; der Bäcker ist der Vater des Gedankens.[10]

Die Geschicke eines Volkes hängen von seinem Essen und seiner Ernährungsweise ab. Die Getreidewaren haben die kunstsinnigen Völker hervorgebracht. Der Branntwein hat die indischen Rassen getötet. Ich heiße Russland eine durch den Alkohol aufrechterhaltene Autokratie. Wer weiß, ob nicht der übermäßige Schokoladenkonsum eine Rolle beim Niedergang der spanischen Nation gespielt hat, die sich zur Zeit der Entdeckung der Schokolade an die Neugründung des Römischen Reiches machte.[11] Der Tabak hat bereits den Türken, den Holländern ihr gerechtes Teil gegeben und bringt Deutschland in Gefahr. Kein einziger unserer Staatsmänner, die ja in der Regel mehr mit sich selbst beschäftigt sind als mit dem Gemeinwohl, außer man erklärt ihre Eitelkeiten, ihre Mätressen oder ihr Kapital zu öffentlichen Angelegenheiten, hat einen Begriff, wohin Frankreich durch seine Tabakexzesse, den Umgang mit Zucker, mit Kartoffeln als Weizenersatz, mit Branntwein usw. treibt.

Bemerken Sie, wie sehr sich Teint und Silhouette der großen Männer, die doch stets die Geschlechter und Sitten ihres Zeitalters in sich vereinigen, heutzutage von denjenigen aus früheren Epochen unterscheiden? Wie viele Begabungen jeglicher Art sehen wir heute nicht fehlgehen, erschlafft nach einem ersten siechen Werk? Unsere Väter sind schuld an der Kleingeisterei der heutigen Zeit.

Vernehmen Sie nun das Ergebnis eines in London angestellten Experiments, dessen Wahrhaftigkeit mir von zwei zuverlässigen Personen, einem Wissenschaftler und einem Politiker, versichert worden ist und das die hier zu verhandelnden Probleme im Kern betrifft.

Die englische Regierung stellte dafür das Leben von drei zum Tode Verurteilten zur Verfügung, denen man die Wahl ließ, entweder nach der landesüblichen Art gehenkt zu werden oder weiterzuleben, der erste allein von Tee, der zweite von Kaffee und der dritte von Schokolade, unter Ausschluss jeglicher zusätzlicher Nahrungsmittel und ohne die Einnahme irgendwelcher anderer Flüssigkeiten.[12] Die Halunken willigten ein. Vermutlich hätte ein jeder zum Tode Verurteilte es ihnen gleichgetan. Und da jede der drei Ernährungsweisen ihnen jeweils größere oder geringere Überlebenschancen bot, ließen sie das Los über die Zuteilung entscheiden.

Der Mann, der von Schokolade lebte, verstarb nach acht Monaten.

Der Mann, der von Kaffee lebte, brachte es auf zwei Jahre.

Der Mann, der von Tee lebte, kam erst nach drei Jahren zu Tode.

Ich hege den Verdacht, dass die Ostindien-Kompanie das Experiment im Sinne ihrer eigenen Handelsinteressen in Auftrag gegeben hat.

Der Schokoladenmann verendete in einem entsetzlichen Zustand von Fäulnis, zerfressen von den Würmern. Seine Glieder fielen eins nach dem andern ab, ganz wie die Provinzen der spanischen Monarchie.

Der Kaffeemann ging am Brand zugrunde, wie verkohlt durch das Feuer von Gomorrha. Man hätte ebenso gut Kalk aus ihm brennen können. Der Vorschlag wurde gemacht, doch befand man ein solches Experiment für unvereinbar mit der Unsterblichkeit der Seele.

Der Teemann magerte ab und wurde gleichsam durchsichtig, er starb an Schwindsucht und glich zuletzt einer Laterne: Man konnte ganz klar durch seinen Körper hindurchsehen; ein Philanthrop vermochte sogar die *Times* zu lesen, wenn man hinter dem Leib ein Licht aufstellte. Der englische Sinn für Anstand verbot einen weiteren, noch originelleren Versuch.

Ich kann hier nicht die Bemerkung unterdrücken, wie viel menschenfreundlicher es wäre, einen zum Tode

Verurteilten noch nutzbar zu machen, statt ihm brutal den Kopf abzuschlagen. Verwendet man doch bereits das Tierfett aus den Seziersälen zur Herstellung von Kerzen, auf einem so schönen Wege sollten wir wirklich nicht haltmachen. Händigen wir also die zum Tode Verurteilten den Wissenschaftlern aus und nicht dem Scharfrichter.

Ein anderes Experiment hat man in Frankreich in Bezug auf den Zucker durchgeführt.

Monsieur Magendie hat Hunde ausschließlich mit Zucker gefüttert; die gräulichen Resultate seines Versuchs sind veröffentlicht worden, ebenso wie die Todesart dieser interessanten Freunde des Menschen, dessen Laster sie teilen (Hunde sind Spieler); doch beweisen diese Ergebnisse noch gar nichts in Bezug auf uns selbst.[13]

§ II

VOM BRANNTWEIN

Die Traube hat zuerst die Gesetze der Gärung aufgedeckt, jenem neuen Vorgang, der sich unter atmosphärischen Einflüssen zwischen seinen einzelnen Elementen vollzieht, woraus eine Verbindung entsteht, die den durch die Destillation gewonnenen Alkohol enthält und die die Chemie seitdem in vielen pflanzlichen Erzeugnissen vorgefunden hat. Der Wein, der unmittelbar daraus hervorgeht, ist von allen Stimulanzien das älteste: Ehre, wem Ehre gebührt, wird er hier als Erstes behandelt. Im Übrigen ist sein Geist gemessen an allen anderen heutzutage derjenige, der die meisten Leute umbringt. Man fürchtete sich vor der Cholera.[14] Der Branntwein ist eine Pest ganz anderen Schlages.

Welcher Flaneur hat in der Gegend der großen Markthallen von Paris nicht jene menschliche Tapisserie beobachtet, die sich zwischen zwei und fünf Uhr früh aus den männlichen und weiblichen Stammgästen der Schnapsbrenner bildet, deren widerliche Spelunken weit entfernt sind von jenen Prachtbauten, die man in London für die sich selbst verbrauchenden Verbraucher errichtet hat, auch wenn das Ergebnis dasselbe ist? Tapisserie ist das passende Wort. Die Lumpen und die Gesichter harmonieren derart, dass Sie nicht zu sagen wüssten, wo der Fetzen aufhört und das Fleisch beginnt, wo die Mütze sitzt und wo die Nase sich reckt; die Visage ist oft noch dreckiger als das Stück Wäsche, das Sie erst wahrnehmen, wenn Sie diese grässlichen, vom Branntwein verkrüppelten, ausgemergelten, entkräfteten, grau oder blau angelaufenen, krummen Gestalten genauer studieren. Wir verdanken diesen Menschen jene widerliche

Brut, die entweder im Keim erstickt oder den furchtbaren Pariser Gassenjungen hervorbringt.[15] Aus diesen Schenken kommen jene schmächtigen Wesen, die die Arbeiterbevölkerung bilden. Die meisten Pariser Freudenmädchen gehen am übermäßigen Genuss starker Schnäpse zugrunde.[16]

Für einen Beobachter wie mich war es eine Schande, die Wirkungen der Trunkenheit nicht aus eigener Erfahrung zu kennen. Ich musste die Genüsse studieren, die das Volk in ihren Bann ziehen und die, sagen wir es nur, nach Sheridan[17] auch Byron[18] *e tutti quanti* verführt haben. Die Sache war kein Leichtes. Auf mich als Wassertrinker, der gegen derartige Angriffe vielleicht durch lange Gewöhnung an den Kaffee gewappnet ist, hat der Wein nicht den geringsten Einfluss, welche Menge auch immer das Fassungsvermögen meines Magens davon aufnehmen könnte. Ich bin ein kostspieliger Tischgast. Diese Tatsache, einem meiner Freunde wohlvertraut, weckte in ihm das Ansinnen, solche Jungfräulichkeit zu Fall zu bringen.[19] Ich hatte niemals geraucht. Dieses weitere, *diis ignotis*[20] darzubringende Opfer sollte seinen künftigen Sieg besiegeln. Eines Tages also, als man im Théâtre Italien spielte, im Jahre 1832,[21] forderte mich mein Freund in der Hoffnung, ich könnte darüber die Musik von Rossini, die Cinti, Levasseur, Bordogni und die Pasta vergessen,[22] auf einem Diwan heraus, nach dem er schon seit dem Dessert geschielt hatte und auf dem *er* am Ende einschlief. Siebzehn leere Flaschen waren die Zeugen seiner Niederlage. Da er mich zum Rauchen von zwei Zigarren genötigt hatte, tat der Tabak seine Wirkung, die ich beim Hinabgehen der Treppe verspürte. Ich fand die Stufen aus einer ganz nachgiebigen Masse gebildet; dennoch bestieg ich siegreich den Wagen, einigermaßen aufrecht, würdevoll und nicht besonders gesprächig. Drinnen wähnte ich mich in einem Glutofen, ich ließ eine Fensterscheibe herab, die Luft schlug mir ins Gesicht, wie es im Trinkerjargon heißt. Meine Umgebung kam mir erstaunlich verschwommen vor. Die Stufen im Theater der »Bouffons« erschienen mir noch weicher als die anderen eben zuvor; dennoch erreichte ich ohne irgendein Missgeschick meinen Platz auf dem Balkon. Ich hätte allerdings nicht zu versichern gewagt, ich sei in Paris, inmitten einer glänzenden Gesellschaft, deren Toiletten und einzelne Gestalten ich kaum ausmachen konnte. Meine Seele war trunken. Was ich von der Ouvertüre der *Gazza*[23] vernahm, glich den fantastischen Klängen, die einer verzückten Frau vom Himmel herab in die Ohren dringen. Durch den Schein glänzender Wolken erreichten mich die musikalischen Phrasen, gereinigt von allem, was die Menschen an Unzulänglichem in ihre Werke legen, ganz erfüllt von dem Göttlichen, das ihnen die künstlerische Empfindung verleiht. Das Orchester erschien mir wie ein einziges riesiges Instrument, in dem irgendeine Arbeit im Gange war, deren Bewegung und Mechanismus ich nicht erkennen konnte, äußerst undeutlich gewahrte ich die Hälse der Bassgeigen, die auf und nieder sausenden Bögen, die goldenen Röhren der Posaunen, die Klarinetten, die Lichter, doch keine Menschen. Nur ein oder zwei gepuderte, unbewegliche Köpfe und zwei aufgedunsene, gänzlich fratzenhafte Gestalten, die mich beunruhigten. Ich döste im Halbschlaf dahin.

»Dieser Herr riecht nach Wein«, sagte in gedämpftem Ton eine Dame, deren Hut wiederholt meine Wange streifte und den meine Wange, von mir unbemerkt, berührte.

Ich gestehe, dass ich sauer wurde.

»Nein, Madame«, erwiderte ich, »ich berausche mich an der Musik.«

Ich entfernte mich in einer bemerkenswert aufrechten Haltung, aber gelassen und kühl wie ein Mann, der sich zurückzieht, weil man ihm die Wertschätzung versagt hat, und der nun in seinen Tadlern die Furcht weckt, sie hätten irgendein überragendes Genie belästigt. Um der Dame zu beweisen, dass mir die Fähigkeit zum übermäßigen Trinken abgeht und mein Geruch irgendeinem, meinen sonstigen Gepflogenheiten gänzlich fremdem Unglücksfall geschuldet sein musste, wollte ich mich in die Loge der Herzogin von ... (lassen Sie es uns geheim halten) begeben, deren schönen Kopf ich in einem so merkwürdigen Rahmen *von Federn und Spitzen* erblickte, dass mich auf unwiderstehliche Weise das Verlangen packte, zu überprüfen, ob diese unglaubliche Frisur der Wirklichkeit oder jener eigentümlichen visuellen Einbildungskraft entsprang, mit der ich seit einigen Stunden begabt war.

»Sobald ich einmal dort zwischen dieser hochgewachsenen, so eleganten Dame und ihrer so züchtigen und spröden Freundin sitze«, dachte ich, »wird niemand ahnen, dass ich zu tief ins Glas geschaut habe, und man wird mich für irgendeinen sehr bedeutenden Mann halten, der zwei Frauen zu tief in die Augen geblickt hat.« Aber noch irrte ich durch die unendlich langen Gänge des Théâtre Italien und hatte die vermaledeite Türe zu dieser Loge immer noch nicht finden können, als mich die aus der Vorstellung strömende Menge gegen eine Wand drückte. Dieser Abend war sicherlich einer der stimmungsvollsten meines ganzen Lebens. Noch nie habe ich so viele Federn, so viele Spitzen, so viele hübsche Frauen gesehen, auch nie so viele ovale Fensterchen, durch die Neugierige und Verliebte das Innere einer Loge begutachten. Nie habe ich so viel Energie aufgewendet, wohl nie so viel Mut an den Tag gelegt, ich könnte auch sagen Sturheit, wäre da nicht der Respekt, den man sich selbst schuldet. Die Beharrlichkeit König Wilhelms von Holland in der belgischen Frage[24] ist nichts im Vergleich zu der Ausdauer, mit der ich mich auf meine Zehenspitzen stellte und ein freundliches Lächeln bewahrte. Und doch hatte ich Wutanfälle, zuweilen weinte ich. Diese Schwäche stellt mich weit unter den König von Holland. Zudem quälten mich entsetzliche Vorstellungen, weil ich mir all das ausmalte, was diese Dame berechtigterweise über mich denken musste, falls ich nicht im Beisein der Herzogin und ihrer Freundin wieder erschiene; indes sprach ich mir Trost zu, indem ich die gesamte Menschheit verachtete. Ich war allerdings im Unrecht. An jenem Abend befand man sich in den »Bouffons« wirklich in bester Gesellschaft. Ein jeder war voller Rücksicht und machte Platz, damit ich passieren konnte. Am Ende bot mir eine äußerst hübsche Dame zum Hinausgehen ihren Arm. Ich verdankte dieses höfliche Betragen der mir von Rossini gezollten Hochachtung, der mir ein paar schmeichelhafte Worte sagte, an die ich mich nicht erinnern kann, die aber ungeheuer geistreich gewesen sein müssen: Seine Konversation ist vom selben Wert wie seine Musik. Diese Frau war, scheint mir, eine Herzogin oder vielleicht eine Platzanweiserin. Meine Erinnerung ist so verworren, dass ich eher an die Platzanweiserin glaube als an die Herzogin. Dennoch trug sie Federn und Spitzen. Überall Federn und überall Spitzen! Kurz und gut, ich fand mich in meinem Wagen wieder dank des außerordentlichen Umstands, dass mein Kutscher mir auf betrübliche Weise ähnelte und mutterseelenallein auf der Place des Italiens eingeschlafen war. Es goss in Strömen, ich erinnere mich nicht daran, einen einzigen Regentropfen abbekommen zu haben. Zum ersten Mal in meinem Leben genoss ich eines der lebhaftesten und wunderlichsten Vergnügen auf der Welt, eine unbeschreibliche Verzückung, nämlich jene Wonnen, die man empfindet, wenn man um halb zwölf Uhr abends Paris durchquert, rasch an den Straßenlaternen vorübergleitend, und Myriaden von Geschäften, Lichtern, Aushängeschildern, Gestalten, Gruppen, Frauen unter Regenschirmen, fantastisch beleuchtete Straßenecken, dunkle Plätze vorbeiziehen sieht, wobei man durch die Regenstreifen hindurch tausenderlei Dinge beobachtet, von denen man irrigerweise glaubt, man habe sie am helllichten Tage wirklich irgendwo gesehen. Und überall Federn! überall Spitzen! selbst in den Konditoreien.

Seitdem habe ich einen deutlichen Begriff von den Freuden der Trunkenheit. Der Rausch wirft einen Schleier über die Realität des Lebens, er tilgt das Bewusstsein von Kummer und Leid, er erlaubt uns, die Last der Gedanken abzuschütteln. Somit begreift man, weshalb große Genies sich seiner bedienten und das Volk ihm frönt. Statt das Gehirn zu aktivieren, macht der Wein stumpfsinnig. Weit davon entfernt, im Magen eine Reaktion auf die zerebralen Kräfte auszulösen, hat der Wein nach dem Absorbieren von zusammengerechnet einer Flasche die Pupillen vernebelt, die Gefäßbahnen verstopft, der Geschmackssinn funktioniert nicht mehr und der Trinker kann die Feinheiten der gereichten Getränke nicht länger unterscheiden. Die Alkoholstoffe werden aufgenommen und wandern teilweise ins Blut. Prägen Sie sich also folgendes Axiom tief ins Gedächtnis ein:

IV

Die Trunkenheit ist ein Zustand momentaner Vergiftung.

Durch die ständige Wiederkehr dieser Vergiftungen verändert sich darum letztendlich das Blut des Alkoholikers, sie beeinträchtigt dessen Fluss, indem die Grundgesetze der Blutbewegung entweder aufgehoben oder denaturiert werden, und es treten in seinem Inneren so große Störungen auf, dass tatsächlich die meisten Trunksüchtigen ihre Zeugungsfähigkeit entweder ganz einbüßen oder dermaßen schädigen, dass sie nur noch Wasserköpfe zur Welt bringen. Vernachlässigen Sie auch nicht die Tatsache, dass der Trinker am Folgetag brennenden Durst verspürt, oft schon am Ende seines Gelages. Dieser offensichtlich durch den Einsatz der Magensäfte und die in ihrem Zentrum arbeitenden Elemente der Speichelproduktion erzeugte Durst darf als Beweis für die Richtigkeit unserer Schlussfolgerungen gelten.

§ III

VOM KAFFEE

Dieses Thema hat Brillat-Savarin nicht annähernd erschöpfend behandelt.[25] So kann ich seinen Ausführungen über den Kaffee noch etwas hinzufügen, von dem ich selbst in einer Weise Gebrauch mache, die mir umfassende Beobachtungen über seine Wirkung gestattet. Der Kaffee wirkt in unserem Inneren als Röstmittel. Viele Menschen schreiben dem Kaffee das Vermögen zu, Esprit zu verleihen; aber jedermann hat feststellen können, dass die Langweiler nach seinem Konsum noch weitaus mehr langweilen. Und schließlich sind, obwohl die Pariser Kolonialwarenläden bis Mitternacht geöffnet bleiben, bestimmte Autoren deshalb noch um keinen Deut geistreicher geworden.

Wie Brillat-Savarin ganz treffend bemerkt hat, bringt der Kaffee das Blut in Wallung, lässt die Bewegungsgeister hervorsprudeln; eine Erregung, die die Verdauung beschleunigt, die Müdigkeit vertreibt und eine etwas längere Ausübung der Gehirnfunktionen ermöglicht.[26]

Ich erlaube mir, diesen Beitrag Brillat-Savarins aufgrund von persönlichen Erfahrungen und Beobachtungen einiger großer Geister zu ergänzen.

Der Kaffee wirkt auf das Zwerchfell und die Nervengeflechte des Magens, von dort aus erreicht er das Gehirn durch unmessbare Irradiationen, die sich jeglicher Analyse entziehen; nichtsdestotrotz erscheint die Annahme berechtigt, das Nervenfluidum sei jener elektrische Leiter, der diese bei uns vorgefundene oder in Bewegung gesetzte Substanz freisetzt. Sein Einfluss ist weder gleichbleibend noch unbegrenzt. Rossini erfuhr am eigenen

Leib die nämlichen Wirkungen, die ich bereits an mir selbst beobachtet hatte.

»Der Kaffee«, sagte er zu mir, »ist eine Sache von fünfzehn oder zwanzig Tagen, zum Glück genau die Zeit, die man zum Komponieren einer Oper benötigt.«

Dieser Sachverhalt trifft zu. Doch lässt sich die Zeitspanne, in der man die Vorzüge des Kaffees genießen kann, noch weiter ausdehnen. Die Kenntnis dieses Umstands ist für viele Menschen so wichtig, dass wir es uns nicht versagen können, hier dessen fruchtbare Verwertung zu schildern.

Ihr alle, Ihr glänzenden Leuchten der Menschheit, die Ihr Euch durch den Kopf verzehrt, tretet näher und vernehmt das Evangelium der Nachtwache und der Geistesarbeit!

1. Der auf türkische Weise geschrotete Kaffee hat mehr Geschmack als der in einer Mühle gemahlene Kaffee.

In vielen mechanischen Dingen, die das Ausschöpfen der Genussweisen betreffen, sind die Orientalen den Europäern weit voraus: Ihr Beobachtungsgenie, das es den Kröten gleichtut, die jahrelang in ihren Löchern verweilen und mit ihren zwei Sonnen gleichenden Goldaugen auf die Natur blicken, hat ihnen durch die Phänomene selbst enthüllt, was uns die Wissenschaft auf dem Weg der Analyse zeigt. Das schädliche Element des Kaffees ist das *Tannin*, ein bösartiger Gerbstoff, den die Chemiker noch nicht ausreichend untersucht haben. Wenn die Magenwände tanniert sind, oder wenn die Wirkung dieser spezifischen Kaffeetannine sie durch einen zu häufigen

Gebrauch gelähmt hat, dann verweigern sie sich jenen heftigen Kontraktionen, nach denen die Geistesarbeiter verlangen. Daraus folgen schwere Störungen, falls der Kaffeeliebhaber es weitertreibt. Es gibt einen Herrn in London, dem der maßlose Kaffeekonsum den Leib verkrüppelt hat, so wie den von Gichtknoten geplagten Greisen.[27] Ich kannte einen Pariser Kupferstecher, der sich erst nach fünf Jahren von dem Zustand erholt hat, in den ihn seine Liebe zum Kaffee gebracht hatte. Schließlich starb kürzlich ein Künstler, Chenavard, am Brand.[28] Er ging ins Kaffeehaus wie die Arbeiter in die Schenke, nämlich immerzu. Die Kaffeeliebhaber machen es so, wie man es bei allen Leidenschaften zu tun pflegt; sie gehen von einem Stärkegrad zum nächsten; und immer tollkühner, so wie Nicolet, bis zum Missbrauch.[29] Wer nun den Kaffee auf die türkische Art schrotet, pulverisiert ihn zu bizarr gebildeten Molekülen, die das Tannin zurückhalten und nur das Aroma freigeben. Das ist der Grund, weshalb die Italiener, die Venezianer, die Griechen und die Türken ohne Gefahr unaufhörlich jenen Kaffee trinken können, den die Franzosen verächtlich »Cafiot« schimpfen. Voltaire nahm diese Art Kaffee zu sich.

Merken Sie sich also Folgendes. Der Kaffee hat zwei Bestandteile: Der eine, der extrahierbare Stoff, den das heiße oder kalte Wasser auflöst, und rasch auflöst, ist der Träger des Aromas; der andere, das Tannin, leistet dem Wasser größeren Widerstand und verlässt das areoläre Bindegewebe nur schwer und stockend. Daraus folgt dieses Axiom:

Kochendes Wasser mit Kaffee in Berührung zu lassen, insbesondere über lange Zeit, ist Häresie; eine Zubereitung mit Tresterschnaps setzt den Magen und seine Organe der Vergerbung aus.

II. Im Fall der Zubereitung mithilfe der unverwüstlichen Kaffeemaschine »à la de Belloy« und nicht »du Belloy« (jener Mann, dessen weisen Überlegungen wir diese Methode verdanken, war der Cousin des Kardinals und stammte wie dieser aus der sehr alten und sehr berühmten Familie der Marquis de Belloy)[30] wird der Kaffee stärker, wenn man ihn mit kaltem statt mit kochendem Wasser aufgießt. Das ist die zweite Methode, um seine Wirkung schrittweise zu steigern.

Wenn Sie den Kaffee mahlen, setzen Sie sogleich das Aroma und die Tannine frei, damit schmeicheln Sie dem Geschmack und stimulieren das Nervengeflecht, das wiederum Reaktionen in den tausenden Kapseln des Gehirns auslöst.

Somit gibt es zwei Abstufungen: den auf die türkische Art geschroteten Kaffee und den gemahlenen Kaffee.

III. Von dem Quantum Kaffee, den man in den oberen Behälter füllt, von dem mehr oder minder häufigen Umrühren, von der größeren oder kleineren Menge an beigefügtem Wasser hängt die Stärke des Kaffees ab, und darin besteht die dritte Art der Kaffeezubereitung.

So können Sie also über einen mehr oder weniger langen Zeitraum, höchstens ein oder zwei Wochen, die stimulierende Wirkung mit einer, dann zwei Tassen geschroteten Kaffees erreichen, den man, in steigender Dosierung, mit kochendem Wasser aufgießt.

Eine weitere Woche lang erreicht man durch Aufguss mit kaltem Wasser, durch Mahlen des Kaffees, durch Stampfen des Pulvers und durch Verringerung des Wassers wieder dasselbe Maß an zerebraler Energie.

Wenn Sie nun bei der stärksten Zerstampfung und der geringsten Wassermenge angelangt sind, dann verdoppeln Sie die Dosis und nehmen zwei Tassen zu sich, einige sehr starke Naturen schaffen bis zu drei Tassen. So kann man es noch ein paar Tage lang machen.

Schließlich habe ich noch ein schreckliches und grausames Verfahren entdeckt, das ich nur Männern von einer ganz außerordentlichen Robustheit empfehle, mit schwarzem und dickem Haar, einer zwischen Ocker und Zinnober changierenden Hautfarbe, vierschrötigen Händen und Beinen, die wie die Geländer an der Place Louis XV gebaut sind. Es handelt sich um den Gebrauch von gemahlenem, gerührtem, kaltem und anhydrischem (ein Terminus aus der Chemie, der ›fast oder ganz wasserfrei‹ bedeutet) Kaffee, den man nüchtern genießt. Dieser Kaffee stürzt in Ihren Magen, der, wie Sie durch Brillat-Savarin wissen,[31] eine Art von Sack ist, im Innern mit Samt gefüttert und mit Saugorganen und Warzen tapeziert; er findet dort nichts vor und greift darum sofort diese feingliedrige und genussfreudige Fütterung an, er wird zu einer Art von Nahrung, die die Säfte für sich begehrt; er wringt sie aus, fordert sie, wie eine Pythia ihren Gott herbeiruft, malträtiert diese hübschen Magenwände, wie ein roher Kutscher seine jungen Pferde schindet; das Nervengeflecht entzündet sich, lodert und lässt die sprühenden Funken bis hinauf ins Gehirn stieben. Fortan ist alles in Aufruhr: Die Gedanken setzen sich in Bewegung wie die Bataillone der Großen Armee auf dem Schlachtfeld, und das Gefecht entbrennt. Die Erinnerungen nahen im Sturmschritt, mit fliegenden Fahnen; die leichte Kavallerie der Vergleiche schwärmt aus in einem großartigen Galopp; die Artillerie der Logik eilt heran mit ihrem Tross und ihren Patronen; die Geistesblitze kommen als Tirailleure; die Figuren stellen sich auf; Tinte strömt auf das Papier, denn die Nachtwache beginnt und endet in Sturzbächen von Schwarzflut wie die Feldschlacht im Schwarzpulverdampf.

Ich habe dieses Gebräu einmal einem meiner Freunde empfohlen, der eine bis zum nächsten Morgen zugesagte Arbeit um jeden Preis abschließen wollte: Er glaubte sich vergiftet, legte sich hin und hütete das Bett dann eine Zeit lang wie eine frisch verheiratete Frau. Er war groß, blond, schütteres Haar; ein Magen aus Pappmaché, dünnwandig. Ich hatte bei meinem Rat wohl nicht recht hingesehen.

Sind Sie an dem Punkt angelangt, an dem Sie den Kaffee durch dieses höchstkonzentrierte Gemisch auf nüchternen Magen einnehmen, und sollten Sie es, nachdem Sie ihn aufgebraucht haben, weitertreiben wollen, dann würden Ihnen grauenvolle Schweißausbrüche, Nervenschwächen und Somnolenzen blühen. Ich weiß nicht, was noch geschehen könnte: Die weise Natur hat mir bisher geraten, derlei zu unterlassen, wohl weil ich nicht zu einem jähen Tode verdammt bin. Man muss sich dann an Milchspeisen halten und an die Diät von Huhn und weißem Fleisch; kurzum, die Saiten der Harfe stimmen und sich in das flanierende, ausflüglerische, dümmliche und kryptogame Leben der Spießbürger im Ruhestand zurückziehen.

Die Verfassung, in die Sie der Kaffee bringt, wenn Sie ihn nüchtern nach der angegebenen Rezeptur genießen, ist eine Art nervöser Lebhaftigkeit, die dem Jähzorn ähnelt; der Ton schwillt an, die Gesten drücken eine krankhafte Ungeduld aus; man begehrt, alles möge sogleich dem Trott der eigenen Gedanken folgen; man wird heftig, gerät in Wut um jeder Nichtigkeit willen; man entwickelt jenes launische Dichtergemüt, das die Krämerseelen so sehr missbilligen; man schreibt den eigenen Scharfsinn anderen zu. Ein Mann von Geist muss sich also hüten, in dieser Verfassung aufzutreten oder andere näher treten zu lassen. Ich habe diesen sonderbaren Zustand zufällig entdeckt und mich so ohne Aufwand von dieser selbstgezüchteten Überspanntheit befreit. Freunde, die ich auf dem Lande besuchte, fanden mich bissig und streitlustig, unaufrichtig im Gespräch. Am nächsten Tag sah ich all mein Unrecht ein und wir forschten nach dem Grund. Meine Freunde waren erstklassige Gelehrte, und so hatten wir ihn bald gefunden. Der Kaffee verlangte nach einer Beute.

Diese Beobachtungen sind nicht nur richtig und weisen bloß Abweichungen auf, die sich aus den jeweiligen individuellen Idiosynkrasien ergeben, sie stimmen zudem mit den Erfahrungen mehrerer praktizierender

Kaffeetrinker überein, unter denen sich auch der berühmte Rossini befindet, einer jener Männer, die die Gesetze des Geschmacks am eingehendsten studiert haben, ein Held, der Brillat-Savarin alle Ehre machte.[32]

BEOBACHTUNG. – Bei manchen schwächlichen Naturen erzeugt der Kaffee im Gehirn eine ungefährliche Kongestion; statt eines anregenden Gefühls empfinden diese Personen ein Schlafbedürfnis und behaupten, der Kaffee mache sie schläfrig. Solche Menschen mögen die Beine eines Hirsches und den Magen eines Straußenvogels haben, für die Gedankenarbeit fehlt ihnen das *Werkzeug*. Zwei junge Forschungsreisende, die Herren Combes und Tamisier,[33] fanden fast alle Bewohner Abessiniens impotent: Die beiden machen unumwunden den Missbrauch des Kaffees, den die Abessinier aufs äußerste treiben, für diese Ungnade verantwortlich. Sollte dieses Buch auch nach England gelangen, dann möchten wir die britische Regierung ersuchen, diese ernste Frage doch an dem erstbesten zum Tode Verurteilten zu entscheiden, der ihr in die Hände fällt, vorausgesetzt, es handelt sich nicht um eine Frau oder einen Greis.

Auch der Tee enthält Tannine; diese aber haben betäubende Eigenschaften und senden keine Botschaften ins Gehirn, sondern wirken allein auf das Nervengeflecht und die Gedärme, die narkotische Substanzen gezielter und schneller aufnehmen. Bis heute ist die Art seiner Zubereitung unangefochten. Ich weiß nicht, bis zu welchem Grad die Wassermenge, die der Teetrinker in seinen Magen hinunterstürzt, die erzielte Wirkung beeinflusst. Sollte das oben angeführte englische Experiment der Wahrheit entsprechen, lieferte es uns die Erklärung für die Moral der Engländer, die Miss mit ihrem fahlen Teint, die englische Scheinheiligkeit und Klatschsucht; sicher ist, dass er die Frau nicht nur in geistiger, sondern auch in körperlicher Hinsicht verkommen lässt. Wo Frauen Tee trinken, ist die Liebe im Kern verdorben; sie sind bleich, kränklich, geschwätzig, langweilig und moralinsauer. Manche robuste Naturen geraten durch größere Mengen von starkem Tee in eine Erregung, die sich in melancholischen Kostbarkeiten verströmt; er verursacht Träume, wenn auch weitaus weniger heftigere als das Opium, denn die Phantasmagorie spielt sich dabei in einer grauen, nebligen Atmosphäre ab. Die Vorstellungen sind ebenso mild wie blonde Frauen. Man fällt dann nicht in jenen tiefen, bleiernen Schlaf, der gesunden Naturen in der Ermattung zukommt, sondern in eine undefinierbare Schläfrigkeit, die an die Träumereien im morgendlichen Halbschlaf erinnert. Exzesse mit Kaffee und Tee führen zur Austrocknung der Haut, die zu brennen beginnt. Kaffee führt oft zu Schweißausbrüchen und quälendem Durst. Bei jenen, die sich ihm maßlos hingeben, wird der Speichel dickflüssig und bleibt fast völlig aus.

§ IV

VOM TABAK

Ich habe nicht ohne Grund den Tabak für den letzten Teil aufgespart; erstens ist diese Ausschweifung als letzte aufgekommen, zweitens übertrifft sie alle anderen.

Die Natur hat unseren Gelüsten Grenzen gesetzt. Gott behüte, dass ich an dieser Stelle die Kampftugenden der Liebe taxiere und ehrbares Feingefühl kränke; doch ist es zur Genüge erwiesen, dass Herkules' Ruhm auf seiner zwölften Arbeit gründet, die man allgemein dem Bereich der Fabel zuordnet,[34] leiden doch die Frauen heutzutage wahrlich mehr unter dem Zigarrenrauch als unter der Liebesglut. Was den Zucker angeht, so stellt sich bei allen Lebewesen sehr bald der Ekel ein, selbst bei den Kindern. Übermäßiger Genuss von starken Schnäpsen lässt einem knapp zwei Lebensjahre; der von Kaffee führt zu Krankheiten, die seinen weiteren Konsum unmöglich machen. Im Gegensatz dazu glaubt der Mensch, er könne endlos rauchen. Weit gefehlt. Broussais, der ein starker Raucher war, besaß die Statur eines Herkules; ohne sein maßloses Arbeiten und Zigarrenrauchen hätte er mehr als hundert Jahre alt werden müssen: Er starb kürzlich in der Blüte seines Lebens, gemessen an seiner Zyklopennatur.[35] Ein tabaksüchtiger Dandy schließlich bekam einen brandigen Hals, und da man ihm den schwerlich abschneiden konnte, ist er nun tot.

Es ist unglaublich, dass Brillat-Savarin, der sein Werk *Physiologie des Geschmacks* betitelt und darin so deutlich die Bedeutung der Nasen- und Gaumenhöhlen für dessen Lustempfindungen aufzeigt, das Kapitel über den Tabak vergessen hat.

Tabak wird heutzutage über den Mund konsumiert, nachdem er lange seinen Weg durch die Nase genommen hat; er schädigt vor allem jene Doppelorgane, die Brillat-Savarin so glänzend in uns festgestellt hat: den Gaumen, seine Ableger und die Nasenhöhlen. Als der berühmte Professor sein Buch verfasste, war der Tabak allerdings noch nicht in dem heutigen Maße in alle Schichten der französischen Gesellschaft vorgedrungen. Seit hundert Jahren nahm man ihn eher als Schnupfpulver denn in Form von Rauchschwaden zu sich, und nun führt die Zigarre zur gesamtgesellschaftlichen Verpestung. Bislang hatte man noch keinen Begriff von den Freuden, die sich einem erschließen, wenn man sich als Schornstein betätigt.

Wird der Tabak geraucht, verursacht er zunächst sehr empfindliche Schwindelgefühle; bei den meisten Novizen erzeugt er einen übermäßigen Speichelfluss sowie häufig Übelkeit, die bis zum Erbrechen führt. Trotz dieser deutlichen Warnung der gereizten Natur macht der Tabaksüchtige beharrlich weiter, er gewöhnt sich ein. Diese harte Lehrzeit erstreckt sich zuweilen über mehrere Monate. Schlussendlich trägt der Raucher nach der Art des Mithridates[36] seinen Sieg davon und tritt in ein Paradies ein. Mit welchem anderen Wort sollte man die Wirkungen des gerauchten Tabaks bezeichnen? Geht es um die Frage ›Brot oder Tabak?‹, zögert der Bettler nicht einen Augenblick; der mittellose Jüngling, der seine Stiefeletten am Asphalt der Boulevards abwetzt und dessen Geliebte sich Tag und Nacht abschuftet, tut es dem Armen nach; der korsische Bandit, den Sie in unzugänglichen Felsenschluchten oder auf weiten, von seinem Blick überwachten Sanddünen vorfinden, ermordet Ihren Feind für ein Pfund Tabak. Äußerst einflussreiche Männer geben zu, dass Zigarren sie über die größten Widrigkeiten hinwegtrösten. Steht der Dandy vor der Wahl zwischen einer angebeteten Frau und dem Zigarrenrauchen, wird er sie fallen lassen, und dabei nicht mehr zögern als der Sträfling, der freiwillig im Zuchthaus bleibt, wenn er dort Tabak nach Belieben bekommt. Welch eine Macht übt diese Lust nur aus, für die der König der Könige sein halbes Reich hingegeben hätte und die überdies die Lust der Elenden ist? Ich verleugnete diese Lust, und so verdankt man mir das folgende Axiom:

VI

Eine Zigarre rauchen heißt Feuer rauchen.

George Sand verdanke ich den Schlüssel zu dieser unschätzbaren Einsicht; doch lasse ich nur die indische Huka und die Narguileh der Perser gelten.[37] Wenn es um materielle Genüsse geht, sind uns die Orientalen eindeutig überlegen.

Die Huka ist, wie die Narguileh, ein sehr elegantes Gerät, dem Blick bietet sie befremdliche und bizarre Formen, die ihrem jeweiligen Benutzer in den Augen des verblüfften Bourgeois den Nimbus aristokratischer Überlegenheit verleihen. Sie besteht aus einem bauchigen Wasserbehälter, ähnlich einer japanischen Vase, auf dem eine Art becherförmiger Pfeifenkopf aus Terrakotta ruht, worin man Tabak, Patschouli und andere Substanzen verbrennt, deren Rauch Sie nun einatmen, denn man kann die verschiedenartigsten pflanzlichen Erzeugnisse rauchen, von denen eines stimulierender ist als das andere. Der Rauch dringt durch einen mehrere Ellen langen Lederschlauch, der mit Seidenfransen und Silberfäden verziert ist und dessen Ende oben in die Vase mündet, worin sich das wohlriechende Wasser befindet, während von der weiter oben befindlichen Verbrennungskammer ein weiterer Schlauch in das Wasser eintaucht. Beim Einatmen saugen Sie nun den Rauch an, der notgedrungen, aufgrund des naturgegebenen Horror vacui, erst das Wasser passieren muss, bevor er zu Ihnen gelangt. Auf diesem Weg durch das Wasser entledigt sich der Rauch seines empyreumatischen Geruchs[38], kühlt ab und gewinnt ein feines Aroma, ohne die wesentlichen Eigenschaften zu verlieren, die durch das Verbrennen der Pflanze erzeugt werden; in den gewundenen Lederschläuchen verfeinert er sich weiter und erreicht endlich Ihren Gaumen wie eine jungfräuliche Maid das Bett ihres Angetrauten, rein, duftend, schneeweiß, sinnlich. Der Rauch verteilt sich auf Ihre Geschmacksknospen, sättigt sie und steigt auf ins Gehirn, so wie ein melodisches, weihrauchgetränktes Gebet sich zur Gottheit emporschwingt. Ausgestreckt liegen Sie auf einem Diwan, beschäftigt ohne jedes Tun, Ihr Denken geht ohne Mühe, berauscht sind Sie ohne jeden Trank, ohne Übelkeiten, ohne süßliche Champagnerrülpser, ohne kaffeebedingte Nervenschwächen. Ihr Hirn erwirbt neue Fähigkeiten, Sie spüren nicht länger die Last Ihrer knochigen Schädeldecke, mit weit ausgebreiteten Schwingen durchfliegen Sie die Welt der Fantasie, fangen Ihre umherflatternden Wahngebilde ein, einem Kinde gleich, das mit seinem Netz in himmlischen Gefilden nach Libellen jagt, und diese Gebilde erscheinen Ihnen in ihrer idealen Gestalt und rüsten Sie zur Realisierung im Werk. Die allerschönsten Hoffnungen wandern im Geiste auf und nieder, nicht als Illusionen, denn sie sind nun leibhaftige Wirklichkeit und springen herum wie ebenso viele Taglionis,[39] mit welcher Anmut! Raucher, Ihr wisst es! Dieses Schauspiel malt die Natur in den schönsten Farben, alle Mühsal des Lebens schwindet, das Leben wiegt leicht, der Verstand wird klar und die graue Nebelhülle des Denkens löst sich auf im Himmelsblau; aber, wie seltsam, der Vorhang über dieser Oper fällt, sobald die Huka, die Zigarre oder die Pfeife erlischt. Welchen Preis haben Sie für diesen übermäßigen Genuss entrichtet? Nun zur Prüfung. Diese Untersuchung gilt ebenfalls für die vorübergehenden Auswirkungen von Branntwein und Kaffee.

Der Raucher unterdrückt seinen Speichelfluss. Wenn er ihn nicht gänzlich unterbindet, so verändert er doch zumindest seine Beschaffenheit und verwandelt ihn in eine Art dickflüssiges Sekret. Sollte er überhaupt keinen Speichel mehr produzieren, dann hat er schließlich alle Gefäße verstopft, ihre Saug- und ihre Ausscheidungsorgane verklebt oder zerstört, all die sinnreichen Wärzchen, deren wunderbarer Mechanismus das Forschungsgebiet von Raspails Mikroskop[40] bildet und deren Beschreibung ich entgegensehe, da sie mir von größtem Nutzen scheint. Verweilen wir auf diesem Gebiet.

Die Bewegung der verschiedenen Arten des Schleims, dieser wundersamen zwischen Blut und Nerven eingebetteten Masse, gehört zu den Kreisläufen, die jener große Uhrmacher, dem wir den köstlichen Scherz namens MENSCHHEIT verdanken, am kunstvollsten eingerichtet hat. Diese schleimigen Sekrete stehen zwischen dem Blut und seinem lebenswichtigen Produkt, von dem die Zukunft des Menschengeschlechts abhängt, und sind für die Harmonie unserer Maschine von so wesentlicher Bedeutung, dass sie bei heftigen Gefühlen gewaltsam in uns zurücktreten, um den auftretenden Schock in irgendeinem unbekannten Zentrum auszugleichen. Ja, das Leben dürstet so sehr danach, dass ein jeder, der einmal einen starken Wutanfall erlebt hat, sich wohl an die plötzliche Trockenheit im Rachen erinnert, an die Verdickung des Speichels sowie die lange Zeit, bis dieser wieder seinen normalen Zustand annimmt. Diese Beobachtung machte mich so ungeheuer betroffen, dass ich sie selbst auf ihre Richtigkeit prüfen wollte, und zwar im Bereich der schrecklichsten Gemütserschütterungen. Mit langem Vorlauf bemühte ich mich um die Gunst eines Abendessens mit Personen, die mit Rücksicht auf das öffentliche Wohl die Gesellschaft meiden: dem Chef der Sicherheitspolizei und dem Scharfrichter am königlichen Gerichtshof von Paris, beide im Übrigen wahlberechtigte Bürger, denen wie einem jeden anderen Franzosen der Genuss aller Bürgerrechte zusteht.[41] Der berühmte Chef der Sicherheitspolizei versicherte mir, dass sämtliche Verbrecher, die er je verhaften ließ, ohne Ausnahme bis zu vier Wochen lang nicht über die Fähigkeit der Speichelproduktion verfügten. Die Mörder gewannen sie am spätesten zurück. Der Scharfrichter hatte noch nie einen Mann auf dem Weg zum Schafott ausspucken sehen, auch nicht von dem Augenblick an, wo er ihn für seinen letzten Gang herrichtete.

Es sei uns gestattet, hier noch eine Beobachtung mitzuteilen, die wir von dem Kommandanten des Schiffes selbst gehört haben, auf dem sich das Experiment zutrug, und die unsere Argumentation stützt.

An Bord einer königlichen Fregatte, in der Zeit vor der Revolution, kam es auf offenem Meer zu einem Diebstahl an einem Marinebeamten. Der Schuldige musste sich folglich auf dem Schiff befinden. Trotz der eingehendsten Durchsuchungen und der zur See üblichen Beobachtung auch noch der geringfügigsten Details des gemeinschaftlichen Lebens konnten weder die Offiziere noch die Matrosen den Dieb ausfindig machen. Die ganze Mannschaft war mit dem Vorkommnis lebhaft beschäftigt. Als der Kapitän und sein Stab die Hoffnung auf einen gerechten Strafvollzug bereits fahren gelassen hatten, sprach der dritte Manöveroffizier zum Kommandanten:

»Morgen früh werde ich den Dieb stellen!«

Großes Erstaunen. Am nächsten Morgen lässt der dritte Manöveroffizier die ganze Mannschaft auf Deck antreten und kündigt an, er werde nun den Schuldigen überführen. Er befiehlt jedem Mann, die Hand auszustrecken, und legt ein Häufchen Mehl hinein. Er schreitet die Reihen ab und weist die Leute an, mithilfe ihres Speichels aus dem Mehl kleine Kugeln zu formen. Es gab einen Mann, der seine Kugel nicht machen konnte, weil ihm die Spucke wegblieb.

»Hier ist der Schuldige«, sprach er zum Kapitän.

Der Manöveroffizier hatte sich nicht getäuscht.

Diese Beobachtungen und Tatsachen beweisen, welchen Wert die Natur dem SCHLEIM in seiner Gesamtheit beimisst, der seinen Überlauf durch die Geschmacksorgane ablässt und der den Hauptbestandteil der Magensäfte ausmacht, dieser geschickten Chemiker, an denen unsere Laboratorien nur verzweifeln können. Jeder Arzt wird Ihnen bestätigen, dass die schwersten, langwierigsten und am heftigsten einsetzenden Krankheiten jene sind, die von einer Entzündung der Schleimhäute herrühren. Selbst die Rhinitis, im Volksmund Schnupfen genannt, beraubt uns für einige Tage der wertvollsten Fähigkeiten und ist doch nichts weiter als eine leichte Reizung der Schleimhäute von Nase und Gehirn.

In jedem Fall stört nun der Raucher diesen Kreislauf, indem er den Abfluss unterbindet, die Tätigkeit der Geschmacksknospen zum Erliegen bringt oder sie Säfte absorbieren lässt, die sie verstopfen. Zudem ist der Raucher während der ganzen Dauer seiner Betätigung ziemlich benebelt. Rauchende Völker wie die Holländer, die in Europa als Erste gepafft haben, besitzen ein antriebsloses und verweichlichtes Wesen; Holland hat keinen Bevölkerungsüberschuss. Die fischhaltige Nahrung, auf die man dort so sehr schwört, der Verzehr von Pökelfleisch und ein sehr alkoholhaltiger Wein aus der

Touraine, der Vouvray, wirken den Einflüssen des Tabaks ein wenig entgegen; dennoch wird Holland immer demjenigen gehören, der die Hand danach ausstreckt; und im Grunde besteht es bloß durch die Eifersucht der anderen Regierungen, die verhindern, dass es unter französische Herrschaft gerät. Schließlich hat gerauchter oder gekauter Tabak auch bestimmte lokale Auswirkungen, die Beachtung verdienen. Der Zahnschmelz wird angegriffen, das Zahnfleisch schwillt an und sondert einen Eiter ab, der sich mit den Nahrungsmitteln vermischt und den Speichel verändert.

Die Türken, die dem Tabak, wenn sie seine Wirkung durch das Auswaschen auch etwas abschwächen, in unmäßiger Weise frönen, sind rasch verbraucht. Da nur sehr wenige Türken über den großen Reichtum verfügen, den es für den Besitz jenes berühmt-berüchtigten Harems braucht, wo sie ihre Jugend vergeuden könnten, bleibt nur die Annahme, dass Tabak, Kaffee und Opium, drei ähnlich erregende Wirkstoffe, die Hauptursache für den Verlust ihrer Zeugungsfähigkeit sind, sodass ein Türke von dreißig Jahren in dieser Beziehung so viel wert ist wie ein fünfzigjähriger Europäer. Das Klima spielt dabei kaum eine Rolle: Der Vergleich der jeweiligen Breitengrade zeigt zu schwach ausgeprägte Unterschiede. Nun ist das Zeugungsvermögen das *Kriterium* der Vitalität, und diese Fähigkeit hängt innig mit der Beschaffenheit des SCHLEIMS zusammen.

In Bezug auf diese Sache ist mir ein geheimes Experiment bekannt, das ich hiermit im Interesse der Wissenschaft und der Nation publik mache. Eine sehr reizende Frau, die ihren Ehemann nur liebte, solange er ihr nicht zu nahe kam, ein außerordentlich seltener und allein deshalb bemerkenswerter Fall, war ratlos, wie sie ihn sich angesichts der geltenden Pflichten des Bürgerlichen Gesetzbuchs vom Leibe halten sollte. Dieser Mann war ein alter Seebär, der wie ein Dampfschiff vor sich hin qualmte. Sie beobachtete den Zyklus seiner Liebesregungen und kam zu dem Schluss, dass er sich an den Tagen, an denen er, aus welchen Gründen auch immer, weniger Zigarren geraucht hatte, mehr an sie heranmachte, wie die Prüden es ausdrücken. Ihre weiteren Beobachtungen ergaben eine positive Korrelation zwischen dem Erlahmen des Liebesverlangens und dem Konsum von Tabakwaren. Fünfzig Zigarren oder Zigaretten (so weit trieb er es) verschafften ihr eine Ruhe, die sie umso dringlicher ersehnte, als der Seemann zur aussterbenden Rasse der Kavaliere des Ancien Régime zählte. Von ihrer Entdeckung begeistert, erlaubte sie ihm das Tabakkauen, eine Angewohnheit, die er ihr zuliebe aufgegeben hatte. Durch die Kombination von Priem, Pfeife, Zigarren und Zigaretten wurde sie innerhalb von drei Jahren zu einer der glücklichsten Frauen des Königreichs. Sie hatte den Ehemann ohne die Ehe.

»Der Kautabak lässt uns unseren Männern gegenüber immer im Rechte«, sagte mir ein Schiffskapitän, der sich durch sein Beobachtungsgenie auszeichnete.

§ V

SCHLUSSFOLGERUNGEN

Die Finanzverwaltung wird gegen diese Ausführungen über die von ihr mit Abgaben belegten Stimulanzien zweifellos Widerspruch erheben lassen; dennoch sind diese wohlbegründet, und ich wage die Behauptung, die Pfeife trage viel zum ruhigen Gemüt der deutschen Nation bei; sie raubt dem Menschen einen Teil seiner Tatkraft. Der Fiskus ist seiner Natur nach dumm und antisozial, er würde eine Nation in die Abgründe des Kretinismus stürzen, um des bloßen Vergnügens willen, die Goldmünzen von einer Hand in die andere zu schleudern, wie es die indischen Jongleure machen.

In unseren Tagen herrscht in allen Klassen ein Hang zum Rausch, dem Moralisten und Staatsmänner den Kampf ansagen müssen, denn der Rausch, in welcher Form er auch auftreten mag, ist die Negation der sozialen Bewegung. Alkohol und Tabak gefährden die moderne Gesellschaft. Wer einmal die Londoner Ginpaläste gesehen hat, versteht die Abstinenzvereine.

Brillat-Savarin, der als einer der Ersten den Einfluss von allem, was durch den Mund gelangt, auf die Schicksale der Menschen beobachtet hat, hätte auf dem Nutzen der Statistik bestehen und sie in den ihr gebührenden Rang heben können, indem er sie zur Grundlage für die Gedankenoperationen großer Geister macht. Die Statistik sollte den Haushaltsplan aller Dinge liefern, dann würde sie jene ernsten Probleme erhellen, die sich aufgrund der heutigen Exzesse für die Zukunft der Nationen stellen.

Der Wein, dieses Stimulans der unteren Schichten, enthält wohl in seinem Alkohol ein schädliches Element; aber es dauert zumindest, entsprechend der jeweiligen

Konstitution, eine unbestimmbare Zeit, bis ein Mensch jener plötzlichen Selbstentzündung anheimfällt, die außerordentlich selten vorkommt.[42]

Was den Zucker anbelangt, so hat Frankreich ihn lange entbehren müssen, und mir ist bekannt, dass die Lungenkrankheiten, deren häufiges Auftreten bei der in den Jahren 1800 bis 1815 geborenen Generation die Medizinstatistiker in Erstaunen setzte, in diesem Mangel gründen; ebenso wie der übermäßige Zuckergenuss Hauterkrankungen zur Folge haben muss.

Zweifellos verändern der Alkohol, auf dem Weine und Liköre basieren und dem sich eine ungeheure Mehrzahl der Franzosen auf maßlose Weise hingibt, der Kaffee, der wesentlich zum aristokratischen Hochgefühl beiträgt, und der Zucker, der phosphorbildende und brennbare Stoffe enthält und in immer hemmungsloserer Form konsumiert wird, notgedrungen die Bedingungen der Fortpflanzung, da doch jetzt auch wissenschaftlich erwiesen ist, dass der Verzehr von Fischen die Produkte der Zeugung beeinflusst.

Die Finanzbehörde ist vielleicht noch unmoralischer, als das Glücksspiel je war, noch depravierter und antisozialer als das Roulette.[43] Der Branntwein ist möglicherweise ein verhängnisvolles Erzeugnis, dessen Verkauf überwacht werden sollte. Das Volk ist ein großes Kind, und die Politik muss ihm eine Mutter sein. Die Volksernährung, in all ihren Beziehungen betrachtet, bildet einen ungeheuren und den am meisten vernachlässigten Teil der Politik, ich wage sogar die Behauptung, sie stecke noch in den Kinderschuhen.

Diese fünf Arten von Exzessen weisen alle große Ähnlichkeiten in ihren Wirkungen auf: Durstgefühle, Schweißausbrüche, Abnahme des Schleims und der daraus resultierende Verlust der Zeugungsfähigkeit. Das folgende Axiom sei daher in den Bestand der Wissenschaft vom Menschen aufgenommen:

VII

Alle Exzesse, die die Schleimhäute angreifen, verkürzen die Lebensdauer.

Der Mensch besitzt nur einen bestimmten Betrag an Lebensenergie; dieser verteilt sich gleichmäßig auf die Zirkulation des Blutes, des Schleims und der Nerven; die eine auf Kosten der anderen zu berauben, heißt ein Drittel Tod herbeiführen. Resümieren wir also mit einem axiomatischen Bild:

VIII

Wenn Frankreich seine fünfhunderttausend Mann in die Pyrenäen schickt, dann hat es sie nicht am Rhein. Ebenso der Mensch.

ABHANDLUNG ÜBER MODERNE STIMULANZIEN
Anmerkungen

1 In der ersten Hälfte des 19. Jahrhunderts galt Guy-Crescent Fagon (1638–1718), Leibarzt von Ludwig XIV. in den letzten Jahren seiner Herrschaft, vielfach als Erfinder des Likörs. Vgl. Jean Anthelme Brillat-Savarin, *Physiologie des Geschmacks oder physiologische Anleitung zum Studium der Tafelgenüsse*, übers. von Carl Vogt, Braunschweig 1865, 88 (im Folgenden abgekürzt BS).

2 Wenn auch der Konsum von Tee in Frankreich bereits im 17. Jahrhundert einsetzte, so blieb er durch seinen hohen Preis zunächst eher Mitgliedern des Hofes und aristokratischen Kreisen vorbehalten. Erst nach der Französischen Revolution dehnte sich der Teekonsum schrittweise auf breitere Gesellschaftsschichten aus.

3 Ein vermutlich von Balzac selbst stammender Neologismus, den er erst auf den Druckfahnen hinzufügte (Lov. A 225). Vgl. das Frontispiz.

4 Vgl. Maxime 101 in: Napoleon Bonaparte, *Maximen und Gedanken, ausgewählt und mit einem Vorwort von Honoré de Balzac*, Berlin 2010 (zuerst frz. 1838 unter dem Pseudonym J.-L. Gaudy jeune).

5 Zu Beginn des 19. Jahrhunderts schrieb man Raffaels frühen Tod wiederholt sexuellen Exzessen zu, vor allem mit seinem Modell Margherita Luti, genannt La Fornarina (»Bäckerstochter«). Vgl. Antoine-Chrysostome Quatremère de Quincy, *Histoire de la vie et des Ouvrages de Raphaël*, Paris 1824.

6 Diese ökonomische Unterscheidung bezieht sich auf das in Frankreich auch noch während der Juli-Monarchie geltende, an Wohnsitz und Vermögen gebundene Zensuswahlrecht. Als wählbar galten seit 1831 nur Männer, die älter als dreißig Jahre waren und eine Abgabe von 500 Franc (nach heutigem Wert ungefähr 2000 Euro) entrichten konnten.

7 Auf die Trinkgelage von Alexander dem Großen, der im Alter von 33 Jahren starb, spielt Balzac wiederholt an. Vgl. etwa die *Theorie des Gehens*, hg. und übers. von Andreas Mayer, Berlin 2022, 83.

8   Im Original Wortspiel mit dem Doppelsinn des französischen Wortes *génération*, das hier sowohl die Fortpflanzung als auch die nächste Generation bezeichnet.

9   Balzac verwendet hier den Begriff *sens génésique*, den Brillat-Savarin am Beginn seiner *Physiologie des Geschmacks* als sechsten Sinn postuliert und folgendermaßen definiert: »der Zeugungssinn oder die physische Liebe, welcher die Geschlechter einander näherbringt und dessen Zweck die Erhaltung der Art ist« (BS, 1, Übers. modif.).

10   Den letzten Teil dieses Satzes hat Balzac erst auf den Fahnen eingefügt. Der Gedanke der Korrelation zwischen Nahrungsweisen und biologischem Geschlecht geht zurück auf die Arbeit von Joseph Virey: *Du regime alimentaire des anciens et des resultats de la différence de leur nourriture avec celle des modernes*, Paris 1813, und wird auch in Balzacs verworfenem Vorwort zur Neuausgabe von Brillat-Savarins *Physiologie des Geschmacks* entwickelt (vgl. Rose Fortassier, »Sur Brillat-Savarin et de l'alimentation dans la génération«, AB 1968, 105–119, und Pierre-Georges Castex, »Balzac et Brillat-Savarin. Sur une préface à la *Physiologie du goût*«, AB 1979, 7–14).

11   Die Schokolade, die im 16. Jahrhundert durch die Kolonisierung Mexikos nach Spanien gelangte, wurde bis in die Zeit Balzacs als heißes Getränk konsumiert. Vgl. Sophie und Michael D. Coe, *The True History of Chocolate*, London 1996.

12   Obwohl Balzac sich hier auf zwei Gewährsleute bezieht, ist dieses Experiment zweifellos eine Erfindung seinerseits. Eine mögliche Quelle könnte ein Versuch mit Kaffee und Tee an zwei zum Tode Verurteilten sein, der laut einer Anekdote dem König Gustav III. von Schweden (1746–1792) zugeschrieben wird. Vgl. »Coffee – rat poison or miracle medicine?«, www.botan.uu.se/learning/linnaeus-online/linnaeus-and-pharmacy/plants-are-important/coffee-rat-poison-or-miracle-medicine/ (abgerufen am 14.5.2023).

13   Dieses von dem Physiologen François Magendie in seinem *Précis de physiologie* (Paris 1817, 390 ff.) mitgeteilte Experiment an einem jungen Hund, der nach 32 Tagen verendete, wurde in der Fachliteratur vielfach kommentiert und kritisiert. Vgl. etwa Jean Civiale, *Traité de l'affection calculeuse ou recherches sur la formation, les caractéres physiques*

et chimiques, les causes, les signes et les effets pathologiques de la pierre et de la gravelle, Paris 1838, 512.

14   Ein Verweis auf die Cholera-Epidemie von 1832, die auch in Frankreich zahlreiche Todesopfer forderte.

15   Balzac ist vermutlich der Erste, der den Typus des Pariser Gassenjungen beschrieben hat, zuerst 1830 in dem unter einem Pseudonym publizierten Text »La reconnaissance du gamin« (OD II, 816–818).

16   Der Mediziner Alexandre Parent-Duchâtelet hatte 1836 in seiner posthum erschienenen soziologischen Studie *De la prostitution dans la ville de Paris, considérée sous le rapport de l'hygiène publique, de la morale et de l'administration* diesen Missbrauch angeklagt. Das monumentale Werk fand im 19. Jahrhundert weite Verbreitung und diente Balzac auch als Quelle für *Splendeurs et misères des courtisanes* (1835–47). Vgl. die Neuausgabe: Alexandre Parent-Duchâtelet, *La Prostitution à Paris au XIXe siècle*, hg. und kommentiert von Alain Corbin, Paris 2008.

17   Der irische Dramatiker und Politiker Richard Brinsley Sheridan (1751–1816), der im späten 18. Jahrhundert das unter seiner Leitung stehende Theatre Royal an der Drury Lane im Londoner Westend aufwendig neu erbauen ließ. Einer Anekdote zufolge soll Sheridan den Brand seines Theaters von einem gegenüberliegenden Kaffeehaus aus ruhig beobachtet und mit dem Satz kommentiert haben: »A man may surely be allowed to take a glass of wine *by his own fire-side*.« (Thomas Moore, *Memoirs of the Life of the Right Honourable Richard Brinsley Sheridan*, London 1825, Bd. 2, 526.)

18   Vgl. etwa die berühmte Passage aus dem Zweiten Gesang von *Don Juan* (1819), Strophe 179: »Man, being reasonable, must get drunk; / The best of life is but intoxication: / Glory, the grape, love, gold, in these are sunk / The hopes of all men, and of every nation; / Without their sap, how branchless were the trunk / Of life's strange tree, so fruitful on occasion: / But to return—Get very drunk; and when / You wake with head-ache, you shall see what then.«

19   Wie wir einem Brief an Ewelina Hańska aus dem Jahr 1833 (LH I, 32) entnehmen können, handelte es sich hierbei um den Schriftsteller und Dandy Eugène Sue (1804–1857), den Balzac in der ersten Fassung von seinem Besuch des Théâtre Italien im Weinrausch in seiner *Reise*

von Paris nach Java (1832) nicht erwähnt (vgl. Balzac, *Traumreisen*, übers. v. Ulrich Esser-Simon, Berlin 2021, 114–120).

20   Lat. ›den unbekannten Göttern‹. Balzac zitiert dieses antike Motto hier im Plural, ebenso wie Antoine de Rivarol in seiner berühmten Satire *Petit almanach de nos grands hommes pour 1788*, und im Weiteren auch mehrfach in der *Menschlichen Komödie*, mit ähnlichem Bezug auf ein modernes Trinkopfer etwa in *La Peau de chagrin* (CH X, 109).

21   Im Erstdruck steht 1822, ein offensichtlicher und unkorrigierter Satzfehler, denn Balzac wurde erst zehn Jahre später durch Olympe Pélissier, die Lebensgefährtin und spätere Frau des Komponisten, persönlich mit Rossini bekannt. Auch der erwähnte Brief Balzacs an Ewelina Hańska (Anm. 19) belegt die Datierung dieser Episode auf 1832.

22   Die französische Koloratursopranistin Laure Cinti-Damoreau (1801–1863), der Bassist Nicolas Levasseur (1791–1871), der Tenor Marco Bordogni (1788–1856) und die Sopranistin Giuditta Pasta (1797–1865) zählten zu dem Starensemble, das im Théâtre Italien die Opern Rossinis aufführte.

23   Rossinis Melodramma in zwei Akten *La gazza ladra* (*Die diebische Elster*, uraufgeführt 1817, Libretto von Giovanni Gherardini nach dem beliebten Melodram *La Pie voleuse, ou la Servante de Palaiseau* von Caigniez und Baudouin d'Aubigny) wurde seit September 1821 wiederholt im Théâtre Italien aufgeführt.

24   Anspielung auf die langwierige diplomatische Hinhaltetaktik, mit der der niederländische König Wilhelm I. (1772–1843) seit 1831 die endgültige vertragliche Abtrennung Belgiens als unabhängigen Staat von seinem Königreich hinauszögerte. Erst nach zähen Bemühungen kam es 1839 zu einer Lösung und Unterzeichnung des sogenannten Endvertrags.

25   Brillat-Savarin widmet dem Kaffee nur einen Teilabschnitt seines umfangreichen Werkes (BS, 89–94).

26   »Unzweifelhaft erregt der Kaffee bedeutend die Kräfte des Gehirns. Jeder Mensch, der zum ersten Mal davon trinkt, schläft einen Theil der Nacht nicht.« (BS, 91)

27   Vermutlich handelt es sich um diesen bei Brillat-Savarin erwähnten Mann: »Ich habe in London auf dem Leicesterplatze einen

Menschen gesehen, den der unmässige Genuss des Kaffees zum Krüppel zusammengekrümmt hatte; er litt keine Schmerzen mehr, hatte sich an seinen Zustand gewöhnt und sich auf fünf bis sechs Tassen täglich beschränkt.« (BS, 93)

28   Aimé Chenavard (1798–1838), aus Lyon stammender französischer Dekorationsmaler und Zeichner. Er veröffentlichte *Nouveau Recueil de Décorations intérieures* (1833–35) und das *Album de L'Ornemaniste* (1835). Er starb 1838 in Paris und wurde auf dem Friedhof Père Lachaise beigesetzt.

29   Jean-Baptiste Nicolet (1710–1796), berühmter Seiltänzer, der auf den Jahrmärkten von Saint Germain und Saint Laurent auftrat. Da seine Kunststücke im Verlauf der Vorstellung immer waghalsiger wurden, entstand die Pariser Redensart *de plus en plus fort, comme chez Nicolet*, auf die Balzac hier anspielt.

30   Diese vom Pariser Erzbischof Jean Baptiste de Belloy (1707–1808) entwickelte Seihkanne kam um 1800 in Paris in Gebrauch und war zunächst aus Zinn, später aus Silber oder Porzellan gefertigt. Auf der eigentlichen Kanne sitzt ein Filter, in dem sich ein Stempel zum Festdrücken des Kaffeemehls befindet, sowie ein oben aufgesetzter Wasserverteiler. Das Wasser wird von oben auf den Kaffee gegossen und tropft anschließend gefiltert in die Kanne. Mit der Falschschreibung »du Belloy« bezog sich Balzac auf einen Fehler Brillat-Savarins (vgl. BS, 91).

31   Bei Brillat-Savarin findet sich keine entsprechende Beschreibung des Magens.

32   Diese Charakterisierung Rossinis erstaunt nicht angesichts der Tatsache, dass der Komponist nach der Pariser Juli-Revolution von 1830 als wohlhabender Rentier lebte und sich statt dem Schreiben von Opern überwiegend der Kochkunst widmete.

33   Vgl. Edmond Combes und Maurice Tamisier, *Voyage en Abyssinie, dans le pays de Galla, de Choa et d'ifat, précédé d'une excursion dans l'Arabie heureuse*, Paris, 1835–38, 5 Bde. und 1 Bildatlas.

34   Es handelt sich hier nicht um die zwölfte Arbeit des Herkules, das Heraufbringen des Wachhundes der Unterwelt Kerberos an die Oberwelt. Sicherlich denkt Balzac an das bei Appolodor berichtete Abenteuer des jungen Helden, bei dem ihm Thespios seine fünfzig

Töchter zum Beischlaf überließ. Vgl. die scherzhafte Erwähnung dieser Episode in einem Brief des österreichischen Orientalisten Joseph von Hammer-Purgstall an Balzac während dessen Wienaufenthalts (Döbling, 28.5.1835, Corr I, 1093).

35   Der ein Jahr zuvor im Alter von 65 Jahren an Darmkrebs verstorbene Mediziner François Joseph Victor Broussais (1772–1838) wird oft in der *Menschlichen Komödie* erwähnt. In der *Physiologie der Ehe* wird bereits dessen Doktrin der physiologischen Medizin parodiert, die bei allen möglichen Krankheiten den Einsatz von Blutegeln empfahl. In *La Peau de chagrin* porträtierte ihn Balzac in der Figur des Doktors Brisset.

36   D. h. durch die Mithridisation, das Aufbauen einer Toleranz gegen Gifte durch deren stetige Einnahme in geringen Dosen, benannt nach dem König Mithridates VI. von Pontos (ca. 132–63 v. Chr.).

37   Bei einem Besuch Balzacs bei George Sand im Jahr 1838 in Nohant machte ihn diese mit der Huka bekannt, mit deren Hilfe er von seiner Kaffeesucht loszukommen hoffte (Brief an Ewelina Hańska, 2.3.1838, LH I, 442 f.; Brief an George Sand, 2.3.1838, Corr II, 316).

38   D. h. seinen »brandigen Geruch«, nach dem veralteten chemischen Terminus Empyreuma, der sich auch bei Brillat-Savarin findet (BS, 108).

39   Die italienische Ballerina Marie Taglioni (1804–1884) zählte seit ihrer vielgepriesenen Darstellung in *La Sylphide* zu den Stars des romantischen Balletts und wird in der *Menschlichen Komödie* oft erwähnt.

40   Der französische Botaniker und Chemiker François-Vincent Raspail (1794–1878) war ein früher Vertreter der Zelltheorie in Frankreich und zählte zu den Pionieren der mikroskopischen Forschung.

41   Am 26. April 1834 hatte Balzac mit Eugène François Vidocq und den Scharfrichtern Sanson père et fils zu Abend gegessen (vgl. Marcel Bouteron, »Un dîner avec Vidocq et Sanson«, *Études balzaciennes*, 1954, 119 ff.).

42   Balzac bezieht sich hier auf seltene Fälle einer bei Alkoholikern vermuteten inneren Selbstverbrennung, von denen seit dem 17. Jahrhundert berichtet wurde. Er war mit der Diskussion wohl durch den populärwissenschaftlichen, in zahlreiche Sprachen übersetzten *Essai sur les combustions humaines produites par un long abus des liqueurs spiritueu-*

ses des Philanthropen Pierre-Aimé Lair vertraut (*Versuch über das Verbrennen menschlicher Körper nach einem langen Mißbrauche geistiger Getränke, eine Schrift für Aerzte, Naturforscher und jeden gebildeten Leser,* übers. von Christian Wilhelm Ritter, Hamburg 1801).

43   Das seit dem 18. Jahrhundert beliebte und wiederholt verbotene Roulette, von Napoleon ab 1806 nur in den Spielhäusern des Palais Royal erlaubt, die 1837 durch Louis-Philippe I. geschlossen wurden. Balzac hat diese Präzisierung erst auf den Fahnen vorgenommen.

ANHANG

DAS OPIUM

Welches Ende sollte sein Leben nehmen?... *Er* glaubte nicht, wie der Abbé de Rancé, an ein Jenseits.[1] Auch wenn *er* sich der irdischen Justiz stellte, sie würde seinen Kopf nicht fordern: die Beweise seines Verbrechens existierten nicht mehr: es war ein Geheimnis zwischen IHM und Gott! – So hatte er weder Himmel noch Erde!... – Er probierte es mit der Lehre der Saint-Simonisten, weil er da den Vorteil sah, schnurstracks Priester zu werden, ohne Absitzen eines Seminars... Aber er verachtete den Menschen, und Saint-Simon will ihn verbessern.[2] – Einst hielt er das Laster so fest im Griff wie ein Scheusal, das ihm unterlag. – Das Weib?... es war dahin. Ihm war die Liebe nur noch eine Plage, und das Weib?... ein Spielzeug, das er in Stücke gerissen hatte, wie die Kinder, wenn sie nach den Federn forschen... Aus das Spiel!...

So begann er Opium zu essen, in Gesellschaft eines Engländers, der aus anderen Gründen den Tod suchte, einen lüsternen Tod; nicht jenen, der sich langsamen Schrittes nähert, in der Gestalt eines Knochenmanns; sondern den Tod unserer modernen Zeit, ausstaffiert mit den Fetzen, die wir Fahnen heißen!... Das ist eine junge Maid, bekränzt mit Blumen, mit Lorbeer! Inmitten einer Puderwolke naht sie oder getragen vom Sturmwind der Kanonen. Wie von Sinnen lacht sie einer Pistole entgegen oder kauert auf einem Bett zwischen zwei Kurtisanen oder steigt empor aus dem Dampf einer Punschschale... Kurzum, ein absolut todschicker Abgang!

Vom Opium begehrten sie, es möge ihnen die goldenen Kuppeln Konstantinopels zeigen, sie auf die Diwane der Serails werfen, inmitten der Frauen Mahmuds³; und da, im Lustrausch, ließ sie bald die Kälte eines Dolchs, bald das Rascheln eines Seidenbandes erschauern; und ganz den Wonnen der Liebe hingegeben, fühlten sie schon den Marterpfahl... Das Opium schenkte ihnen das ganze Universum!...

Und für drei Franc und fünfundzwanzig Centime beförderten sie sich nach Cádiz oder Sevilla, erklommen die Stadtmauern, verharrten dort unter einer Jalousie liegend in die Betrachtung eines flammenden Augenpaars versunken – eine Andalusierin, geschützt von einer Markise aus roter Seide, deren Widerschein dieser Frau die Glut, die Vollendung, die Poesie von Figuren verlieh, diesen fantastischen Traumgebilden unserer Jugendzeit⁴... Doch mit einem Mal, als sie sich umwandten, blickten sie geradewegs in die furchterregende Miene eines Spaniers, bewaffnet mit einer scharf geladenen Donnerbüchse!....

Zuweilen machten sie einen Versuch mit dem Fallbrett der Guillotine und erwachten tief unten in den Totengruben, in *Clamart*,⁵ um sogleich in allen Behaglichkeiten des häuslichen Lebens zu versinken: ein Heim, ein Winterabend, eine junge Frau, Kinder voller Anmut, auf Knien, zu Gott betend, angeleitet von einer alten Kinderfrau... und das alles für drei Franc Opium!...

Ja, für drei Franc Opium errichteten sie sogar die gigantischen Bauten der griechischen, asiatischen und römischen Antike neu!... Sie beschafften sich die ausgestorbenen *Anoplotheriums*, die Monsieur Cuvier verschiedenerorts wieder aufgefunden hat.[6] Sie rekonstruierten die Ställe Salomos, den Tempel von Jerusalem, die Wunderbauten Babylons und das gesamte Mittelalter mit seinen Turnieren, Burgen, Rittern und Klöstern …

Jene endlosen Savannen, wo sich die Baudenkmäler wie Menschen in einer Menge drängten, füllten ihre engen Gehirnkästen, in denen innerhalb weniger Stunden Reiche, Städte, Revolutionen entstanden und verschwanden! … Was für eine Oper ist doch ein Menschenhirn! … Welch ein Abgrund, und kaum begriffen – selbst von denen, die da drinnen viel ergründet haben – wie Gall.[7]

Und das Opium erfüllte seine Todesmission getreu! … nachdem sie verzückt den italienischen Stimmen gelauscht, die Musik mit all ihren Poren aufgenommen, heftige Wonnen verspürt hatten, gelangten sie in die Hölle des Opiums … Da tobten Milliarden wutrasender Stimmen, brüllende Häupter: hier Kindergesichter, entstellt wie die von Sterbenden; Frauen, von grässlichen Wunden starrend, zerfetzt, wehklagend; dort verstümmelte Männer, an den Haaren herbeigezerrt, grauenvoll, und in Myriaden! … in Wogen! … in Generationen! … in Welten![8]

Am Ende betraten sie das Reich der Schmerzen.[9] Mit Feuerzangen peinigte man sie in jedem Muskel, jedem Haarbalg, bis in die Ohren, in die Zahnwurzeln, in ihr allerempfindlichstes Wesen hinein. Sie ähnelten jenen blasierten Menschen, denen eine grausame Qual zur Lust wird! … denn dies ist dein Ende! o gauklerisches Opium! … Und so starben diese beiden Männer, die sich nicht mehr zu retten wussten, wie du, unbekannter Dichter! junger Mée,[10] der du uns so trefflich Bericht gabst von deinen künstlichen Freuden und Leiden!

Graf ALEX. v. B....

DAS OPIUM

Anmerkungen

1   Armand Jean Le Bouthillier de Rancé (1626–1700) wurde nach seinem ausschweifenden Leben in jungen Jahren zum Anführer einer Klosterreform im Zisterzienserorden in La Trappe, aus der später der Trappistenorden hervorgehen sollte.
2   Balzac zielt hier auf die nach dem Tode Henri Saint-Simons im Jahr 1825 hervorgegangene Schule, die mit der *Exposition de la Doctrine de Saint-Simon* (1829/30) eine neue Religion begründen wollte.
3   Mahmud II. (1785–1839), von 1808 bis 1839 Sultan des Osmanischen Reiches.
4   Balzac variiert hier sehr knapp eine der zahlreichen Episoden, die Alfred de Musset seiner sehr freien, anonym publizierten Übersetzung von Thomas De Quinceys *Bekenntnissen eines Opiumessers* (1822) hinzufügte (*L'Anglais mangeur d'opium, Traduit de l'anglais par A. D. M.*, Paris 1828, 121 f.).
5   Auf dem Friedhof von Clamart, der von 1673 bis 1793 bestand, wurden die sterblichen Überreste der Hingerichteten bestattet.
6   Das Anoplotherium zählt zu den Säugetieren, deren Fossilien der Naturforscher Georges Cuvier 1804 entdeckte.
7   Der deutsche Arzt Franz Joseph Gall (1758–1828), Begründer der Phrenologie, die Eingang in Balzacs persönliches Denksystem fand und in der *Menschlichen Komödie* sehr oft erwähnt wird.
8   Hier lehnt sich der Text ebenfalls wörtlich an Mussets Übertragung von De Quinceys Buch an (vgl. Anm. 4, 195). Allerdings handelt es sich in der englischen Vorlage nicht um eine Höllenvision, sondern um ein Meer von Gesichtern in der Londoner Großstadt.
9   Verweis auf den berühmten Vers aus Dantes *Göttlicher Komödie*, »Per me si va ne la città dolente« (Gesang 3, V. 1).
10   Im erhaltenen Exemplar Balzacs von Mussets Übersetzung De Quinceys (Maison de Balzac, Paris) findet sich die folgende handschriftliche Notiz: »Der Autor ist Monsieur Mee, Engländer – er ist klein und bucklig, liebenswürdig, geistreiches Antlitz, 32 Jahre alt – im Jahr 1829.« Vgl. dazu das Nachwort, 95.

VORREDE ZUR ERSTAUSGABE
(1839)

Monsieur Charpentier, der diese neue Ausgabe der *Physiologie des Geschmacks* besorgt, hatte zu meinem Glück die Idee, ihr als Pendant die *Physiologie der Ehe* beizugesellen.[1] Die Verbindungsfähigkeit der beiden Titel verpflichtet mich hier zu einigen Erklärungen hinsichtlich der Vermählung meines Buches mit demjenigen Brillat-Savarins.

Die *Physiologie der Ehe* ist mein erstes Werk, sie stammt aus dem Jahr 1820,[2] als sie einigen Freunden bekannt war, die sich lange einer Veröffentlichung entgegenstellten. 1826 war sie zwar gedruckt, kam aber noch nicht heraus.[3] Somit zeugt sie nicht von einem Plagiat der Form, sondern allein von einer für mich durchaus ruhmreichen Begegnung mit einem der angenehmsten, unbefangensten, höchstdekoriertesten Köpfe dieser Epoche.[4] Seit 1820 war in mir das Vorhaben gereift, in vier Werken voll von Moralpolitik, wissenschaftlicher Beobachtung und spöttischer Kritik alles zu versammeln, was die gründliche Analyse des sozialen Lebens angeht. All diese bereits begonnenen und mehr oder weniger bis zum selben Punkt gediehenen Arbeiten sollen *Analytische Studien* heißen, als künftige Krönung meiner *Sittenstudien* und *Philosophischen Studien*.[5]

Die erste trägt den Titel: *Analyse der Lehrkörper*. Sie enthält eine philosophische Untersuchung aller Einflüsse auf den Menschen vor seiner Zeugung, während der Schwangerschaft, nach seiner Geburt und von da an bis zum Alter von fünfundzwanzig Jahren, jenem Zeitpunkt, ab dem ein Mensch *ausgebildet* ist. Sie wird die menschliche Erziehung auf einer weitaus breiteren Ebene und umfassender studieren als meine Vorgänger in diesem Genre. Der *Émile* von J.-J. Rousseau behandelt in dieser Beziehung auch nicht ein Zehntel des Gegenstandes, wenngleich dieses Buch unserer Zivilisation eine neue Physiognomie verliehen hat. Seit die Frauen der oberen Klassen ihre Kinder stillen, sind neue *Empfindsamkeiten* entstanden. Was die GESELLSCHAFT verloren hat, ist sämtlich der FAMILIE zum Gewinn geraten. Da die neue Gesetzgebung die Familie zerstört hat, erfreut sich das Übel in Frankreich einer großen Zukunft. Ich gehöre zu denen, die die Neuerungen von J.-J. Rousseau für ein schlimmes Unheil halten: Er hat mehr als jeder andere unser Land in die Richtung jenes Systems englischer Heuchelei getrieben, das in unsere reizenden Sitten eingedrungen ist und wogegen kluge Köpfe sich beherzt zur Wehr setzen sollten, ungeachtet des Geleiers mancher Affen aus der englischen oder Genfer Schule. Nach der vollen Entfaltung seiner Auswirkungen steht der Protestantismus so kahl da wie seine Kirchen und so abscheulich wie das X einer Gleichung.

Mit fünfundzwanzig Jahren heiratet der Mensch für gewöhnlich, obzwar nach dem gegenwärtigen Erkenntnisstand über die Gesellschaft das geeignete Lebensalter für die Ehe bei dreißig Jahren läge, von seltenen Ausnahmen abgesehen. Somit ist das zweite Werk, angesichts der laut Meinungen und Tatsachen natürlichen Rangordnung, die *Physiologie der Ehe*. Ich brachte sie heraus, weil ich sehen wollte, ob ich auch die anderen Theorien wagen könnte.

Das dritte Werk ist die *Pathologie des Soziallebens* oder *Mathematische, physikalische, chemische und transzendente Meditationen zu den Äußerungen des Denkens, erörtert in allen Formen, die ihm der Zustand der Gesellschaft verleiht, in Bezug auf Kost und Logis, Rede und Gang usw. (Denken Sie sich dreißig usw.)*[6] Der Mensch wird erzogen, besser oder schlechter. Er bildet mit seinem mehr oder weniger originellen Charakter ein eigenständiges Wesen; er heiratet, seine Doppelexistenz nimmt Gestalt an, er gehorcht allen Spinnereien, die die Gesellschaft in ihm genährt hat, beugt sich allen Gesetzen, die sie ohne Kammern und Könige, ohne Opposition und Ministerrat verfügt und die am strengsten befolgt werden: Er kleidet sich, er nimmt eine Wohnung, er spricht, er geht, er speist, er steigt aufs Pferd oder in einen Wagen, er raucht, er berauscht und ernüchtert sich, er handelt nach vorgegebenen und unabänderlichen Regeln, ungeachtet der kaum fühlbaren Unterschiede der Mode, die die Dinge aufbläst oder vereinfacht, aber selten abschafft. Wäre nicht ein Werk, das die Gesetze dieser äußeren Existenz festlegt, die Philosophie ihrer Ausdrucksformen studiert, ihre Störungen aufzeigt, von größter Bedeutsamkeit? Sein bizarr anmutender Titel gründet in einer Beobachtung, die ich mit Brillat-Savarin teile. Das Gesellschaftswesen macht aus unseren Bedürfnissen, unseren Lebensnotwendigkeiten, unseren Geschmäckern ebenso viele Plagen und Krankheiten, indem es uns durch die Entwicklung, die ihnen das Denken verleiht, zu Exzessen treibt: Es gibt in uns nichts, wodurch es sich nicht verriete.[7] Daher dieser der medizinischen Wissenschaft entlehnte Titel. Wo die Krankheit nicht den Körper angreift, befällt sie den Geist. Die Eitelkeit ist gekränkt, wenn sie nicht diese oder jene Sache bekommt, nicht zu diesem oder jenem Ergebnis gelangt, und das häufig aus Unkenntnis der Grundsätze, die tatsächlich die Materie beherrschen. So sieht man Millionäre zwanzigtausend Franc im Jahr für ihre Reitställe ausgeben und in jämmerlichen Wagen mit den Pferden eines Kuckuckskutschers[8] herumfahren. Die *Pathologie des Soziallebens*, die im Druck ist und in den letzten Monaten des Jahres 1839 erscheinen wird, bildet somit eine umfassende Anthropologie, die der Welt der Wissenschaft, der Mode, der Literatur und der Hauswirtschaft noch fehlt.

Das vierte Stück ist die *Monografie der Tugend*, ein bereits seit Langem angekündigtes Werk, das wahrscheinlich noch eine Weile auf sich warten lassen wird; der Titel indessen unterstreicht hinreichend seine Bedeutung, indem er die Tugend mit einer viele Arten umfassenden Pflanze gleichsetzt, die den Formeln der Linné'schen Botanik gehorcht.[9] Nach der Untersuchung der Frage, wie der Mensch als soziales Wesen zu dem wird, was er ist, wie er sich in der Ehe verhält und sich in seinem äußeren Leben kundtut, wären die *Analytischen Studien* nicht unvollständig ohne meinen Versuch, die Gesetze des moralischen Gewissens zu bestimmen, das in nichts dem natürlichen Gewissen gleicht?

Der Verleger, der dank einer neuen, durch die belgischen Raubdrucke erzwungenen Gestaltung von Preis und Format die Beliebtheit der beiden *Physiologien* noch gesteigert hat, druckt gerade die *Pathologie des Soziallebens*, für die ich, auf die Gefahr der Unvollständigkeit hin, eine *Abhandlung über moderne Stimulanzien* liefern soll. Nach seiner Auffassung würde diese Abhandlung die *Physiologie des Geschmacks* ergänzen. Dieses Fragment ist somit ein Auszug aus der *Pathologie des Soziallebens*, von der bereits einige Fragmente wie die *Theorie des Gehens* und der *Traktat von der Toilette*[10] erschienen sind. Solche Teilveröffentlichungen schaden, wie ich meine, kaum dem baldigen Erscheinen eines Werks, in dem es an Theorien und Abhandlungen über all die Eitelkeiten in der Gesellschaft, die uns das Herz vergiften oder erwärmen, nur so wimmelt; das ich jedoch für so nützlich halte, dass ich in einer Zeit, in der jeder mehr oder weniger ein Rosshändler ist, meine *Grundsätze der Pferdeheilkunde* nicht für *Corinne* hergäbe, wie ich in einer Epoche, in der das Wort mehr als je zuvor eine Macht darstellt, meine *Ökonomie und Nomenklatur der Stimmen* nicht gegen *René* tauschen würde.[11]

Diese sehr persönliche und von der namentlich als REKLAME bekannten Seuche verpestete Vorrede war dennoch nötig, um die dreiste Anmaßung dieses Anhangs zu erklären, der kühn als eine Art Nachtisch auf ein Buch folgt, das vom Publikum geliebt und als eines dieser Mahle gefeiert wird, von denen man dem Autor zufolge sagt: *il y a nopces et festins* (betonen Sie das *p!*).[12]

VORREDE ZUR ERSTAUSGABE
Anmerkungen

1   Der Pariser Verleger Charpentier hatte die neue Auflage von Balzacs *Physiologie der Ehe* im Oktober 1838 kurz nach der Wiederauflage der im August desselben Jahres erschienenen *Physiologie des Geschmacks* publiziert. Auf der Titelseite von Balzacs Werk wurde darauf hingewiesen, es handle sich um eine »neue Ausgabe, die derjenigen der im selben Verlag erschienenen *Physiologie des Geschmacks* ähnelt«. Nach dem kommerziellen Erfolg der ersten Auflage von Brillat-Savarins Buch brachte Charpentier bald eine zweite heraus, und für diese verfasste Balzac die *Abhandlung über moderne Stimulanzien* sowie diese Vorrede, die eine künftige Programmatik der *Analytischen Studien* der *Menschlichen Komödie* entwirft.

2   Balzacs Angabe dieses Datums ist wiederholt diskutiert worden. Es markiert wohl den Anfang seiner Reflexionen über die Ehe und die *Analytischen Studien* im Allgemeinen, deren erste Elemente man in Fragmenten wie dem Romanessay *Eine Stunde aus meinem Leben* finden mag (vgl. Honoré de Balzac, *Theorie des Gehens*, hg., übers. und mit einem Nachwort von Andreas Mayer, Berlin 2022, 139–173). Entwürfe zur *Physiologie der Ehe* sind aus dieser Zeit nicht überliefert.

3   Balzac hatte 1826 in der Tat eine erste Version der *Physiologie der Ehe* drucken lassen, die jedoch nicht in den Verkauf gelangte und die erst posthum ediert wurde: *La physiologie du mariage pré-originale (1826). Texte inédit présenté par Maurice Bardèche*, Paris 1940.

4   Obwohl es sich zweifellos nicht um ein Plagiat handelt, scheint es dennoch wahrscheinlich, dass der Titel von Brillat-Savarins Werk aus dem Jahr 1825 Balzac zum Titel seines ein Jahr später gedruckten Buches angeregt hat.

5   Balzac hat diese Einteilung der späteren *Menschlichen Komödie* in einem berühmten Brief an Ewelina Hańska 1834 vorgenommen, vgl. LH I, 204 f. Entgegen seiner Beteuerung waren die im Folgenden beschriebenen Werke mit Ausnahme der *Physiologie der Ehe* keineswegs auch nur in annähernd vergleichbarer Weise ausgeführt.

6   Charpentier pries Balzacs Titel mit dem abschließenden »dreißig« als »geistreich«, allerdings wissen wir nicht, worauf diese Anspielung abzielt.

7   Brillat-Savarin hat sich nicht systematisch zu dieser Frage geäußert, insofern bleibt unklar, worauf sich Balzac hier bezieht.

8   Der *coucou de Paris* (Pariser Kuckuck) war ein wenig bequemes Kabriolett aus dem Rokoko, das sich zur Zeit Balzacs noch großer Beliebtheit erfreute und zu geringem Entgelt Passanten aus allen Schichten beförderte. Vgl. Jean-Joseph-Louis Couailhac, »Le cocher de Coucou«, in *Les Français peints par eux-mêmes. Encyclopédie morale du XIXe siècle éditée par Léon Curmer*, hg. von Pierre Bouttier, Bd. 1, Paris 2003, 745–755.

9   Von diesem geplanten Werk existieren nur der Titel und einige Aphorismen, die Balzac 1830 in seine *Abhandlung über das elegante Leben* eingestreut hat.

10   Damit meint Balzac die *Abhandlung über das elegante Leben*, die 1830 in der Zeitschrift *La Mode* erschienen war und sich in großen Teilen mit der Frage der männlichen und weiblichen Toilette in Form einer »Vestignomie« befasst. Vgl. CH XII, 211–257.

11   Auch von diesen beiden Bänden existieren allein die Titel. Die beiden erwähnten Konkurrenztitel sind die vielgelesenen Romane *Corinne ou l'Italie* (1807) von Madame de Staël und *René* (1802) von François-René de Chateaubriand.

12   Wörtlich: »Es gibt Hochzeitsgelage und Festmahle.« Die Einfügung des *p* in *noces* scheint eine Zutat Balzacs im Geiste Rabelais' zu sein.

EINE PHYSIOLOGIE
MODERNER EXZESSE

Nachwort von Andreas Mayer

»Der Kaffee sicherte diesem großen Autor
seine enorme Leistungsfähigkeit«,
Kaffeewerbung aus dem Jahr 1937

Die menschliche Seele gehorcht in ihren Wünschen einer Art arithmetischer Progression, deren Endziel und Ursprung gleichermaßen unbekannt sind. Genau wie der Opiumesser stets die Dosis verdoppeln muss, um dieselbe Wirkung zu erreichen, so begehrt auch unser Geist, ebenso herrisch wie er schwach ist, nach der Steigerung der Gefühle, Vorstellungen und Dinge.

Honoré de Balzac, *Physiologie der Ehe*

Es gab nur wenige Dinge, die ihm zum Schreiben unentbehrlich waren. Neben Tinte, Feder und Papier war es die Kaffeekanne, deren Dienste Balzac bei der nächtlichen Schreibarbeit bekanntlich exzessiv in Anspruch nahm. Seit Langem gilt sie als Symbol der ungeheuren Schöpferkraft eines Autors, dessen Namen auch die Werbung zur Anpreisung ihrer Produkte genutzt hat.[1] Der Schriftsteller hat die stimulierende Wirkung seines bevorzugten Getränks, das er kalt und hochkonzentriert auf nüchternen Magen genoss, in drastischen Bildern beschrieben, die sich allerdings kaum zu Reklamezwecken eignen dürften: »Wie ein roher Kutscher seine jungen Pferde schindet«, so malträtiert der Kaffee die Magenwände, deren Nervengeflecht sich entzündet, lodert und »die sprühenden Funken bis hinauf ins Gehirn« stieben lässt. Flugs wandelt sich das Blatt Papier zum Schlachtfeld, auf dem die Erinnerungen »im Sturmschritt« voransausen, die »leichte Kavallerie der Vergleiche« losgaloppiert, sekundiert von der »Artillerie der Logik« aus der Patronentasche und von als Tirailleuren ausschwärmenden Geistesblitzen: »Tinte strömt auf das Papier, denn die

Nachtwache beginnt und endet mit Sturzbächen von Schwarzflut so wie die Feldschlacht im Schwarzpulverdampf.« Wer sich auf diesen Kampfplatz begibt, benötigt starke Nerven und ein Gespür für die richtige Dosis, ansonsten drohen »grauenvolle Schweißausbrüche, Nervenschwächen und Somnolenzen«.[2]

Die Bekanntheit der Figur des kaffeesüchtigen Schriftstellers, der wie besessen sein nächtliches Werk betreibt, kontrastiert mit der weitgehenden Unbekanntheit seiner *Abhandlung über moderne Stimulanzien*, der diese Zeilen entstammen. Wie auch andere nachträglich der Gruppe der *Analytischen Studien* zugeordneten Werke aus der *Menschlichen Komödie* hat man die kleine Schrift lange als eine Gelegenheitsarbeit betrachtet. Nachdem sie eine Reihe von Stadien durchlaufen hatte, erschien sie zunächst 1839 als Anhang zu einer vom Pariser Verleger Charpentier besorgten Neuausgabe von Jean Anthelme Brillat-Savarins Bestseller *Physiologie des Geschmacks* und zeigt Balzac wie kaum eine andere in posthumer Zwiesprache mit diesem von ihm verehrten Autor. Im Sinne einer Erläuterung, aber auch zur strategischen Abgrenzung seines eigenen Projekts, verfasste er eine Vorrede, die erstmals den gesamten Plan der *Analytischen Studien* im Detail entwarf und dabei die *Abhandlung* zum fragmentarischen »Auszug« aus einer künftigen *Pathologie des Soziallebens* erklärte.

Die medizinische und gesellschaftskritische Vokabel der Sozialpathologie charakterisiert die *Abhandlung über moderne Stimulanzien* auf zutreffende Weise,[3] lautete doch bereits der erst kurz vor dem Druck abgeänderte

Titel *Physiologie des excès modernes*.⁴ Nicht um eine umfassende Studie zum Konsum von Tee, Kaffee, Schokolade, Tabak oder Alkohol geht es hier, sondern um die Physiologie jener modernen Exzesse, die der Mensch mit diesen Geist und Körper erregenden, potenziell schädlichen und lebensverkürzenden Substanzen betreibt. Dem entspricht im Text der sehr häufige Gebrauch des Wortes *excès* gegenüber dem nur selten aufscheinenden *excitant* (zweimal im Singular, einmal im Plural), das man in älteren deutschen Übersetzungen durchweg als »Reizmittel« wiedergegeben hat.⁵ Angesichts der Diversität der verschiedenen Stoffe, die die *Abhandlung* auf knappem Raum behandelt, steht man bei der Übertragung des Titels fraglos vor einem terminologischen Problem. Streng genommen wäre die zutreffende, spätestens ab der Mitte des neunzehnten Jahrhunderts gebräuchliche Bezeichnung für *excitants* »Genussmittel«, im Sinne einer Unterscheidung von den eigentlichen »Nahrungsmitteln« wie Fleisch oder Getreide und den »Rauschmitteln« wie Opiaten, Kokain oder Haschisch.⁶ Die hier gewählte Übersetzung mit dem seit dem achtzehnten Jahrhundert vor allem in der Medizin gebräuchlichen Begriff »Stimulanzien« hat demgegenüber den Vorteil, im Deutschen die lateinische Wurzel zu bewahren sowie den Akzent auf ihren anregenden Charakter zu legen, in dem noch der Stimulus als antreibender und quälender Stachel steckt.

Denn Balzac interessiert sich weniger für exakte Definitionen dieser verschiedenen Substanzen als für das Umschlagen von Lust in Qual, gemäß der Spiralbewegung, die den Menschen vom reinen Akt des Genießens zur selbstzerstörerischen Hingabe an die Sucht treibt: »Jeder Exzess gründet in einer Lustempfindung, die der Mensch jenseits der gemeinen, von der Natur gegebenen Gesetze erneuern möchte. Je weniger die menschlichen Kräfte beansprucht werden, desto mehr neigen sie zu Exzessen, das Denken treibt sie unaufhaltsam dahin.«[7] Am Beginn steht somit eine anthropologische Theorie der Exzesse, der zufolge der Mensch als zugleich biologisches, denkendes und soziales Wesen unweigerlich in das Spiel von miteinander in Konflikt liegenden Kräften eingespannt ist. Wie bereits die *Theorie des Gehens* ausgeführt hat, ist das menschliche Leben selbst durch den grundlegenden Antagonismus von Ruhe und Bewegung, das Aufsparen und Verschwenden von Energie bedingt.[8] Wenn das Ideal eines harmonischen Gleichgewichts aller Lebenskräfte auch wiederholt in der *Menschlichen Komödie* beschworen wird, handelt es sich dabei aber letztlich um ein unlösbares Dilemma, wie Balzac seit *La Peau de chagrin* in einer Reihe seiner *Philosophischen Studien* unablässig zu demonstrieren sucht. Die *Abhandlung über moderne Stimulanzien* zeugt von einer Verschärfung dieser Problemstellung. Nach wie vor gelten die Gesellschaft und das Denken als jene pathogenen Kräfte, die den Menschen aus dem natürlichen Gleichgewicht werfen und so unweigerlich zum Exzess treiben, doch erweitert sich die Perspektive nun auf die kollektive Ebene, indem sie für die Gesellschaft und den Menschen dieselben energetischen Gesetze postuliert. Von da ist es nur ein Schritt zum Axiom, die Befriedung der Gesellschaft müsse notgedrungen zu Ausschweifungen führen und zu Napoleons Ausspruch vom Krieg als Naturzustand.[9]

Bei dieser Erweiterung auf kollektive Prozesse knüpft Balzac wiederholt an eine Reihe von Untersuchungen seiner Zeit zum Verhältnis von Ernährung und Fortpflanzung an und spitzt deren Ergebnisse aphoristisch zu. So gewinnt er etwa den merkwürdigen Satz »Die Fischzucht bringt uns die Töchter, die Fleischhauerei gebiert die Söhne« aus dem Studium von populärwissenschaftlichen Werken vitalistischer Mediziner zur Anthropogenese.[10] Die offensichtliche Haltlosigkeit dieser spekulativen Korrelation von Geschlecht und Ernährung, die sich auch im Klischee von den bleichen, für die Liebe untauglichen teetrinkenden Engländerinnen zeigt, muss hier nicht betont werden. Denn Balzacs eigentümliche Mischform, die er in den Essays der *Analytischen Studien* praktiziert, paart Ernstzunehmendes mit scherzhaften Übertreibungen, und so findet sich der kuriose Satz durch den auf den Druckfahnen hinzugefügten Zusatz vom Bäcker als dem Vater des Gedankens bereits wieder relativiert. Trotz seiner spielerischen und sprunghaften Form, in der stets eine skeptische Haltung durchscheint, nimmt der Text die aus heterogenen Quellen zusammengetragenen Wissensbestände dennoch ernst, indem er sie in die Alltagsrealität gesellschaftlicher Typen übersetzt. Und seine Spekulationen über einen speziellen Zeugungssinn und die geschlechtsspezifische Ernährung bringen Balzac auf ein modernes Thema, das die *Abhandlung* wie ein Leitfaden durchzieht, nämlich den Zusammenhang von oral konsumierten Stimulanzien mit einer Erotik und Sexualität, deren Ablösung vom biologischen Zweck der Reproduktion sie ebenfalls zu einer Form des Konsums werden lässt. Emblematisch dafür steht der Typus des Dandys, der ohne jedes Zögern die angebetete Frau gegen die Zigarre eintauscht.

Man könnte versucht sein, dies als eine Form der »Ersatzbefriedigung« im Sinne der psychoanalytischen Triebtheorie zu verstehen. Das hieße jedoch, sowohl die Grundannahmen als auch die gänzlich anders gelagerten Zielsetzungen von Balzacs allgemeiner Ökonomie der Lebensenergie in dieser Schrift verkennen. Denn bei dieser geht es um die Frage, auf welche Weise die zur geistigen Erregung gebrauchten Stimulanzien zur Verkürzung des Lebens beitragen. Die Antwort findet sich im siebten Axiom, das auf alle Exzesse zielt, die die Schleimhäute angreifen und so den Körper seiner wertvollen Flüssigkeiten berauben. In seiner Bestandsaufnahme, die einer Kosten-Nutzen-Rechnung des menschlichen Energiehaushaltes gleicht, offenbart Balzac seine Präferenz für eine vitalistische Physiologie, die sich eklektisch mit der Mesmer'schen Idee vom Willen als Fluidum und älteren Vorstellungen aus der humoralpathologischen Säftelehre verbindet. In diesem Sinne ist die Aufteilung der Lebensenergie in drei Kreisläufe des Blutes, des Schleims und der Nerven zu verstehen, in denen ein vollständiges Gleichgewicht herrschen muss. Dieser Parteinahme für eine persönlich gefärbte Spielart des medizinischen Vitalismus entspricht Balzacs ablehnende Haltung gegenüber der neuen Experimentalphysiologie, die Lebensvorgänge im Labor isoliert studiert und daher nicht in ihren Gesamtzusammenhängen erkennen kann. Deutlich wird

Paul Gavarni: *Zwei Zigarrenraucher*, 1839.

dies in seiner Kritik an umstrittenen Tierexperimenten, wie etwa an den Versuchen des berühmten Pariser Physiologen François Magendie, der Hunde ausschließlich mit Zucker fütterte und deren qualvolles Sterben akribisch festhielt.

Die in Balzacs Vorrede zu seiner kleinen Schrift angekündigte »umfassende Anthropologie« wird sich allerdings auch in diesem Stück der *Analytischen Studien* nur in fragmentarischer Form zeigen: in einer Ansammlung von anekdotischen Beobachtungen und teils komisch übertriebenen oder gänzlich erfundenen Versuchen wie etwa dem englischen Experiment an drei zum Tode verurteilten Männern mit Tee, Kaffee und Schokolade. Trotz solcher Einsprengsel schwarzen Humors ist die *Abhandlung* von einem pessimistischen Grundton geprägt, der auch zivilisationskritische Züge trägt. Deutlich wird dies bei den Bemerkungen zur Trunksucht der Arbeiterschaft und der Prostituierten, die in drastischen Tableaus des Elends im Pariser Quartier der Markthallen gipfeln, und in den Schlussfolgerungen, die in ein Plädoyer für die staatliche Kontrolle von Stimulanzien wie Tabak und Alkohol münden.

Balzac verschweigt jedoch nicht, dass der gesellschaftliche Hang zum Rausch alle gesellschaftlichen Klassen betrifft und, im Einklang mit seinen theoretischen Prämissen, vor allem jene Spezies Mensch verlocken muss, die kaum körperliche Arbeit verrichtet, die Klasse der Geistesmenschen: Byron, Sheridan *e tutti quanti*.[11] Als einer ihrer exemplarischen Vertreter testet er folglich sein Grundaxiom am eigenen Leib in einer Reihe von Experimenten mit Wein, Kaffee und Tabak. Dabei entspricht sein Verständnis vom physiologischen Selbstversuch einer Auffassung, die subjektive Idiosynkrasien und Ausschmückungen keineswegs im Gegensatz zu objektiver Beweisführung sieht. Lapidare Feststellungen von Sachverhalten (»Die Trunkenheit ist ein Zustand momentaner Vergiftung«) stehen so neben pittoresken Beschreibungen von inneren und äußeren Ereignissen wie bei der längeren Episode von der im Weinrausch besuchten italienischen Oper, die man bereits im Bericht seiner imaginären *Reise von Paris nach Java* aus dem Jahr 1832 lesen konnte. Die Komik dieser Schilderung beruht großteils auf der Herausforderung, die Auswirkungen des Alkohols mit den heftigen Erregungszuständen von Rossinis Musik zu paaren. Allerdings bleibt dabei in der Schwebe, welche sinnesphysiologischen Prozesse letztendlich zu den Eindrücken führen, die Balzac als eine Art heiliger Empfängnis des reinen Kunstwerks durch das Ohr beschreibt. Die im Deutschen unübersetzbare Lakonik des Wortspiels in der Auseinandersetzung mit einer Dame im Publikum (*Ce Monsieur sent le vin — Non, Madame, je sens la musique*) legt den Akzent nicht umsonst auf die Mehrdeutigkeit des Wortes *sentir*, die hier das Verströmen von unangenehmen Gerüchen in Kontrast zum rauschhaften Durchströmtwerden von musikalischen Klängen stellen kann.[12]

Die Trübung und Schädigung der intellektuellen Funktionen durch den Alkohol machen diesen naturgemäß zum Antipoden des Kaffees, den Balzac ganz im Sinne seines Zeitalters als die produktionsfördernde Droge

Grandville: *Verschiedene Arten von Pfeifen und ihre Raucher*, 1835.

der Kopfarbeiter par excellence begreift. Seine Ausführungen entfernen sich jedoch von der auch noch vielfach in der Medizin vertretenen Auffassung vom Kaffee als »großen Ernüchterer«, der durch seinen austrocknenden Charakter schädliche Körpersäfte neutralisieren oder sogar einer Alkoholvergiftung entgegenwirken könne.[13] Denn letztendlich stellt die *Abhandlung* beiden Stimulanzien dasselbe Zeugnis aus, nämlich die Schleimhäute auf verderbliche Weise zu schädigen.

Dass Balzac hier den Tee nur am Rande behandelt und stattdessen dem Tabak am Ende seiner Schrift einen eigenen Abschnitt widmet, beruht aber nicht allein auf der »gesamtgesellschaftlichen Verpestung« durch das

Rauchen, einem in der Juli-Monarchie vielfach konstatierten und satirisch kommentierten Übel. Durch das Experimentieren mit dieser Substanz, die sich auch in dem kurzzeitig erwogenen Titel *Tabacologie* niederschlug,[14] hoffte der Schriftsteller letztlich vom Kaffee und seinen zunehmend verheerenden Folgen loszukommen. Ende März 1836 waren Balzacs Schleimhäute mittlerweile so sehr geschädigt, dass sich seine Verdauung nur unter »grauenhaften Schmerzen« vollzog, wie er Eweline Hańska schrieb: »Jeden Abend legt man mir einen Leinsamenumschlag auf den Magen, ich trinke Hühnerbrühe und bekomme Schmerzmittel verabreicht. Ich muss diese Kur zehn Tage lang befolgen und für einen Monat in die Touraine fahren.«[15] In der *Abhandlung* empfahl er für den Fall derartiger Leiden nicht umsonst eine »Diät von Huhn und weißem Fleisch« und den Rückzug »in das flanierende, ausflüglerische, dümmliche und kryptogame Leben der Spießbürger im Ruhestand«,[16] suggerierte aber zugleich, dass er dank seiner Konstitution den Angriffen des Kaffees durchaus standhielt. Das Gegenteil war jedoch der Fall und so hoffte Balzac zwei Jahre später, nachdem er bei einem Besuch im Haus von George Sand in Nohant das Huka-Rauchen entdeckt hatte, durch den abwechselnden Gebrauch verschiedener Stimulanzien auf einen dauerhaften Kaffee-Entzug.[17] Dennoch wird die wenige Monate später verfasste Abhandlung auch über den Tabak letztlich kein besseres Urteil fällen. Zwar spielte Balzac einen Moment lang mit dem Gedanken, sich eine Huka zu beschaffen und sie mit dem türkisen Knopf seines Spazierstocks zu verzieren, nicht zuletzt weil diese Pfeife »ihrem jeweiligen Benutzer in den Augen des verblüfften Bourgeois den Nimbus aristokratischer Überlegenheit« verleiht.[18] Doch wird er sich dieses Zugeständnis an die orientalistische Mode wohl auch deshalb versagt haben, weil er die Vermutung nicht abweisen konnte, dass »Tabak, Kaffee und Opium, drei ähnlich erregende Wirkstoffe,« den Körper austrocknen und somit für die den Türken zugeschriebene Impotenz verantwortlich sind.[19] Balzacs kleine Schrift endet dementsprechend mit einer nachdrücklichen Absage an die Trockenlegung des Schleims, in der noch einmal seine eigentümliche Version der alten Säftelehre triumphiert.

Bei alledem weist die *Abhandlung über moderne Stimulanzien* eine auffällige Lücke auf. Denn obwohl Balzac wiederholt das Opium erwähnt, finden sich im Text nur Andeutungen auf die spezifischen Wirkungen dieser neuen, vermehrt auch in Paris konsumierten Modedroge. Dabei handelt es sich jedoch um jene Substanz, die vermutlich den Ausschlag für Balzacs intensivere Beschäftigung mit den Stimulanzien seiner Zeit gegeben hat. Schon kurz nach ihrem Erscheinen hatte er die französische Übersetzung von Thomas De Quinceys *Confessions of an English Opium-Eater* gelesen, die Mame und Delaunay-Vallée 1828 unter dem Titel *L'Anglais mangeur d'opium* drucken ließen. Das Buch verschwieg nicht nur ebenso wie das Original den Namen seines Autors, sondern auch den des Übersetzers, der auf dem Titelblatt unter dem Kürzel A. D. M. aufgeführt war. Im Exemplar Balzacs, das sich erhalten hat, findet sich ein handschriftlicher Eintrag, demzufolge er den Autor identifiziert zu haben meinte:

»Der Autor ist Monsieur Mee, Engländer – er ist klein und bucklig, liebenswürdig, geistreiches Antlitz, 32 Jahre alt – im Jahr 1829.«[20]

Wenn auch über die Existenz dieses angeblichen Autors bis heute nichts Näheres bekannt geworden ist, liefert der Eintrag dennoch ein Indiz für die Erwähnung dieses Namens in *L'Opium*, einer freien Fantasie über Themen aus der französischen Übersetzung der *Confessions*, die Balzac unter dem Pseudonym Graf Alex. v. B.... im November 1830 in der Zeitschrift *La Caricature* veröffentlichte. Es scheint kaum glaublich, dass ihm die Identität von De Quinceys Übersetzer lange verborgen geblieben sein kann: Denn hinter A. D. M. verbarg sich kein anderer als der knapp achtzehnjährige Alfred de Musset, der zu dieser Zeit bereits im Kreis von Victor Hugo als vielversprechendes Talent der neuen Bewegung der französischen Romantik galt.[21] Die rätselhafte Notiz über Aussehen und Charakter des *poète inconnu* namens Mee mag somit auf Musset oder den Verleger Mame zurückgehen, die beide von der Autorschaft De Quinceys ebenfalls noch nichts wissen konnten. Die immer wieder geäußerte Vermutung, Balzac wäre tatsächlich einem opiumsüchtigen Engländer begegnet, der sich ihm gegenüber als Autor des Textes ausgab, scheint hingegen wenig wahrscheinlich.[22]

Das Opium fällt in eine für Balzac entscheidende Periode, die den noch unter verschiedenen Pseudonymen im Feuilleton experimentierenden Journalisten vom späteren Erfolgsautor und künftigen Großarchitekten der *Menschlichen Komödie* trennt. Wie in zahlreichen anderen aus dieser Zeit stammenden Fantasiestücken steht auch hier ein namenloser Protagonist im Mittelpunkt, der zudem ein nicht genauer benanntes Verbrechen begangen und dessen Spuren erfolgreich verwischt hat. Balzac zeichnet ihn als einen typischen Vertreter seiner eigenen Generation, der die utopischen Hoffnungen auf eine bessere Gesellschaft, exemplarisch verkörpert durch die Lehre des Saint-Simonismus, nach der Juli-Revolution von 1830 fahren lässt und, da er weder in spirituellen Idealen noch im Hedonismus einen Sinn finden kann, nur noch den Tod sucht. In dieser Figur lassen sich unschwer die ersten Umrisse von Raphaël de Valentin aus *La Peau de chagrin* erkennen, der im ersten Teil des Romans nach einem verworfenen Selbstmordversuch in einer Atmosphäre von rauschhaften Halluzinationen und Orgien durch das nächtliche Paris streift. Das Interesse dieser erstaunlichen und bis heute weitgehend unbekannten Fantasie reicht jedoch weit über den Status einer solchen Vorstudie hinaus. Vielmehr markiert *Das Opium* die erste bedeutende Etappe einer Reflexion Balzacs über die von den Stimulanzien angekurbelte Illusionsmaschinerie, die hier unter der Anleitung eines opiumsüchtigen Engländers »künstliche Freuden und Leiden produziert«, bis sie unweigerlich im Tod endet. Das Echo dieses kleinen Virtuosenstücks samt seines Vorbilds ist noch bis in die letzten Werke der *Menschlichen Komödie* vernehmlich.[23]

Die Frage nach Balzacs Wissen um die Identität des Übersetzers von De Quinceys *Confessions* ist dabei nicht ganz unwesentlich, denn Musset erlaubt sich derart viele Freiheiten mit dem Original, dass man hier eher von

einer im Geist der französischen Romantik konzipierten
Fantasie sprechen muss.[24] Und als eine solche hat Balzac
L'Anglais mangeur d'opium zunächst durchaus verstanden,
wenn er das Buch kurz darauf in einer Parodie auf die
»Litaneien« der romantischen Schule neben einer Reihe
von anderen Titeln anführte.[25] Aber trotz dieser spötti-
schen Erwähnung nimmt *Das Opium* die Erfahrungen des
anonymen Opiumessers durchaus ernst: Die Montage
von stark komprimierten Elementen aus teils klischee-
haften Episoden, wie etwa einer von Musset hinzuge-
dichteten spanischen Romanze, vermittelt den Anschein
einer schwindelerregenden Zeitreise, von der nur zwei
Jahre später, wenn auch in einer weitaus gemäßigteren
Form, die imaginäre *Reise von Paris nach Java* und danach
die *Abhandlung über moderne Stimulanzien* berichten werden.
Das durch die Droge bewirkte Aussetzen des Zeitgefühls
schleudert die beiden Protagonisten in einen frenetischen
Taumel, der im Zeichen einer weiblichen Todesallegorie
steht. Diese erscheint zunächst in der Figur einer in Fahnen gehüllten jungen Maid – in Anspielung auf die Juli-
Revolution von 1830 möglicherweise eine Gegenallegorie
zu Delacroix' berühmter Darstellung *La liberté guidant le
peuple* aus demselben Jahr –, die sich jedoch rasch in einen
den beiden Dandys weitaus angemesseneren Todesengel
verwandelt, nämlich in eine dem Punschdampf entstei-
gende Kurtisane. Der furiose Galopp, in dessen Verlauf
das Opium für ein Spottgeld »das ganze Universum«[26]
aufbietet, kennt nur ein kurzes Innehalten, als der Phy-
siologe Balzac den Kommentar einschaltet: »Was für eine
Oper ist doch ein Menschenhirn! ... Welch ein Abgrund,

und kaum begriffen – selbst von denen, die da drinnen viel ergründet haben – wie Gall.« Der unvermeidliche Absturz der beiden Opiumesser vollzieht sich denn auch unmittelbar nach dem Hörgenuss bezaubernder »italienischer Stimmen« mit ihrem Eintreten in ein danteskes Inferno, in dem sie äußerst qualvoll umkommen, dabei aber immer noch die »todschicke« Attitude von blasierten Dandys bewahren, »denen eine grausame Qual zur Lust wird«. Dieses Finale ist gänzlich Balzacs Erfindung und rückt die von Musset relativ wörtlich übersetzen Passagen De Quinceys in einen vollkommen anderen Kontext, folgt aber in seiner Logik durchaus dem zuweilen apokalyptischen Ton der Übersetzung und will diesen gar noch überbieten: »Da tobten Milliarden wutrasender Stimmen, brüllende Häupter: hier Kindergesichter, entstellt wie die von Sterbenden; Frauen, von grässlichen Wunden starrend, zerfetzt, wehklagend; dort verstümmelte Männer, an den Haaren herbeigezerrt, grauenvoll, und in Myriaden! … in Wogen! … in Generationen! … in Welten!«

Von allen erregenden Stimulanzien war das Opium fraglos dasjenige, das Balzac so etwas wie eine allgemeine Formel für die Wünsche im menschlichen Seelenleben bieten konnte: Diese liegt im stetigen Verlangen nach Steigerung aller Empfindungen und Vorstellungen, mit den unweigerlichen Auswirkungen eines »kalkulierten Todes«.[27] Das unstillbare Begehren nach Intensivierung entspringt dabei aus der unaufhebbaren Diskrepanz zwischen der Idealität des Gedankens und seiner Realisierung in der konkreten Form. Kaum zufällig wird diese Einsicht von einer Figur Balzacs ausgesprochen, die trotz ihrer Hellsichtigkeit um die zerstörerischen Auswirkungen der Droge dennoch an ihr zugrunde geht. In der 1839 fertiggestellten physiologischen Studie *Massimilla Doni*, die als eine Art dialogischer Traktat über die Macht des Eros im Leben und in der Musik ein Pendant zur *Abhandlung über moderne Stimulanzien* bildet, verfällt der junge Venezianer Marco Vendramin, Spross einer alten Patrizierfamilie, aus verzweifelter Liebe zur untergegangenen Republik seines Vaterlandes rettungslos dem Opium. Für die Beschreibung der rauschhaften Visionen, in denen er sein an die Österreicher verlorenes Venedig zu neuem Glanz auferstehen lässt, hat Balzac nochmals auf sein Fantasiestück von 1830 zurückgegriffen und dem neuen italienischen Rahmen angepasst. Ablauf und Duktus der ursprünglichen Version werden dabei zwar beibehalten, aber nun in den Dienst der grandiosen Eroberungsfantasie eines einzelnen Individuums gestellt. Vendramin versetzt sich in die Rolle eines venezianischen Generals, der seiner Republik Orient und Okzident unterwirft und ihre künftige Weltherrschaft in bizarren archäologischen Mischbildern imaginiert: »Die moderne Macht der Industrie vollbringt ihre Wunder nicht in London, sondern in seinem Venedig, wo man die hängenden Gärten der Semiramis, den Tempel von Jerusalem, die Wunderbauten Roms wiedererrichtet. Schließlich bereichert er das Mittelalter um die Welt der Dampfkraft, um neue Meisterwerke, geboren aus den Künsten, die man fördert so wie Venedig sie einst gefördert hat. Ein Gewirr von Baudenkmälern und Menschen füllt seinen engen Gehirnkasten, in dem Reiche, Städte, Revolutionen innerhalb weniger Stunden entstehen und vergehen, in dem allein Venedig wächst und gedeiht; denn das Venedig seiner Träume hat die Seeherrschaft, zwei Millionen Einwohner, das Zepter Italiens, gebietet über den Mittelmeerraum und Indien!«[28]

Diese Neuauflage der Opiumfantasie wird nicht umsonst in einer Opernloge vorgetragen, überdies während einer Vorstellung eines Werks von Rossini, dem Meister des Crescendo und Impresario musikalischer Rauscheffekte. Der Text unterliegt nun einer neuen Dramaturgie, da er auf drei Personen aufgeteilt wird und die von der Droge ausgelösten Halluzinationen somit nicht mehr wie in der Vorlage einer auktorialen Erzählperspektive unterliegen. Den zugleich bewundernden und skeptischen Einwurf über das Menschenhirn als Oper, das selbst der Phrenologie Galls verschlossen bleiben muss, spricht dabei bezeichnenderweise ein französischer Arzt, der aus ethnografischer Distanz heraus das sich ihm darbietende Drama der italienischen Leidenschaften kommentiert. Gegenüber Massimilla Doni, die in ihrer Schilderung von Rossinis Musik und Vendramins Opiumträumen dasselbe nationale Pathos offenbart, verpflichtet er sich, den verzweifelten Patrioten von seiner Sucht zu heilen. Ein vergebliches Unterfangen, denn die »Liebe zu einem Vaterland, das nicht mehr besteht, ist eine Leidenschaft, gegen die es kein Kraut gibt«.[29] Die schaurigen Gesichter und zerfetzten Leiber einer wehklagenden Menge von Verdammten, die in *Das Opium* eine komprimierte Höllenvision bildeten, werden hier

»Ah, welch eine orientalische Lust beginnt sich in mir zu regen ...
Mir scheint, als ritte ich auf einem Kamel!« – »Und mir ist,
als verabreichte man mir ... eine Bastonade!«

Honoré Daumier, *Die Haschischraucher*, 1845.

umgedeutet in ein Bild gegenwärtiger politischer Realität, das qualvoll durch den Schleier der Opiumträume dringt, wie dem jungen Venezianer selbst bewusst wird: »Ach! zu meinem Unheil nähere ich mich der Morgendämmerung des Grabes, wo das Falsche und das Wahre ineinanderfließen in zwielichtigem Schein, der nicht Tag und nicht Nacht ist und doch beiden angehört.«[30]

Angesichts der Intensität von Balzacs Beschreibungen der bewusstseinsverändernden Effekte des Opiums hat man wiederholt die Frage gestellt, ob sich hier nicht doch, neben der literarischen Vorprägung durch De Quincey in Mussets Übertragung, eigene Erfahrungen verarbeitet finden. Wenn es auch keinen direkten Nachweis dafür gibt, so ist nicht völlig auszuschließen, dass Balzac mit dieser Substanz experimentiert hat. Zumindest sind seine Versuche mit der anderen Modedroge seiner Zeit, dem Haschisch, im berühmten Pariser *Club de hachichins* gut belegt. Diese Sitzungen, die sogenannten *fantasias*, fanden im Beisein zahlreicher Freunde Balzacs wie Théophile Gautier und Honoré Daumier statt, unter der ärztlichen Aufsicht des Psychiaters Jacques Joseph Moreau de Tours, der sich dadurch Aufschlüsse über den Mechanismus der Geisteskrankheiten erhoffte. In einer vielzitierten Anekdote hat Baudelaire nachträglich von einer Soiree berichtet, bei der Balzac trotz seiner sichtbaren Neugier dennoch auf das Haschisch-Experiment verzichtet habe. Dem jüngeren Dichter schien es völlig undenkbar, dass der von ihm so sehr bewunderte Theoretiker des Willens »dem Verlust auch nur eines Quäntchens dieser wertvollen *Substanz*«[31] zustimmen könnte. Baudelaires Zeugnis ist allerdings äußerst zweifelhaft und allein durch die Tatsache widerlegt, dass Balzac wiederholt mit Haschisch experimentierte und reges Interesse an den damit verbundenen neuen psychiatrischen Forschungen zeigte. Dabei steht außer Frage, dass Balzac und Baudelaire ähnliche theoretische Auffassungen von der Willenskraft und ihrer Schwächung durch bestimmte Stimulanzien hatten.[32] Allerdings sah Balzac keine Veranlassung, seine physiologische Vorstellung von einem notwendigen Gleichgewicht der Energieverteilung im Organismus moraltheologisch zu überhöhen, wie es Baudelaire später in seiner Kritik am Haschisch unternahm. So kann man festhalten, dass der Autor der *Künstlichen Paradiese* zwar den theoretischen Grundannahmen der *Abhandlung über moderne Stimulanzien* treu blieb, letztlich aber die Prinzipientreue ihres Verfassers stark überschätzte. Balzacs Bekenntnis zur Physiologie steht weder primär im Zeichen einer Systematik noch der Moral, sondern der Empirie. Bei all ihrer Exzentrik suchen seine Selbstexperimente stets nach dem faktischen Regelwerk, dem menschliche Begierden und Fantasien unterliegen. In diesem Sinne haben seine Überlegungen zu den Exzessen mit erregenden und berauschenden Substanzen in der modernen westlichen Welt einen Problemhorizont skizziert, der trotz der wandelnden Kategorien und Forschungsparadigmen bis in die heutige Zeit Bestand hat.

EINE PHYSIOLOGIE
MODERNER EXZESSE
Anmerkungen

1   In Deutschland war dafür etwa die Kaffeehauskette »Balzac Coffee« symptomatisch, ein 1998 gegründetes Hamburger Unternehmen, das etwa fünfzehn Jahre lang bestand. Es wurde mittlerweile in »Espresso House« umbenannt.

2   AMS, 33 f.

3   Weitaus weniger gilt dies für die beiden anderen Texte, die ebenfalls diesem unvollendeten Projekt zugeschlagen wurden. Denn sowohl die *Abhandlung über das elegante Leben* von 1830 als auch die drei Jahre später erschienene *Theorie des Gehens* behandeln das Verhältnis von äußerer Erscheinung und innerer Verfassung des Menschen in weitaus allgemeinerer Weise. Wir geben die Vorrede zur *Abhandlung über moderne Stimulanzien*, die eigens für die Charpentier-Ausgabe von 1839 konzipiert wurde, hier im Anhang wieder.

4   Brief von Balzac an Hippolyte Souverain, undatiert, vermutlich vor dem 11.3.1839 (Corr. III, 462). Möglicherweise ging die Titeländerung auf Charpentier zurück, der Balzac nur 24 Stunden Zeit zur Korrektur der Fahnen ließ. Dies erklärt auch eine Reihe von offenkundigen Satzfehlern. Bis auf ein Fragment der Vorrede hat sich kein Manuskript des Textes erhalten.

5   Vgl. dazu die Bemerkungen zu dieser Ausgabe in diesem Band, 109.

6   Vgl. dazu die Studien von Wolfgang Schivelbusch, *Das Paradies, der Geschmack und die Vernunft. Eine Geschichte der Genußmittel*, München/Wien 1980; Roman Sandgruber, *Bittersüße Genüsse. Kulturgeschichte der Genußmittel*, Wien/Köln 1986; Annerose Menninger: *Genuss im kulturellen Wandel*, Stuttgart 2004. Dass im neunzehnten Jahrhundert diese Klassifikationen anders verlaufen, zeigen ältere Studien, die auch Opium und Haschisch zu den Genussmitteln zählen (vgl. etwa Carl Hartwich: *Die menschlichen Genussmittel. Ihre Herkunft, Verbreitung, Geschichte, Anwendung, Bestandteile und Wirkung*, Leipzig 1911).

7   AMS, 10.
8   Honoré de Balzac, *Theorie des Gehens*, hg. und übers. von Andreas Mayer, Berlin 2022.
9   AMS, 11. Bereits 1833 findet sich unter den Notizen Balzacs der Eintrag: »Erbringt das Studium der Geschichte nicht den Beweis, dass der Frieden ein widernatürlicher Zustand ist?« (CH XII, 983)
10 Vgl. AMS, 13 und Anm. 10.
11 AMS, 20.
12 AMS, 22.
13 Vgl. Schivelbusch (Anm. 6), Hasso Spode, »Der ›Große Ernüchterer‹. Zur Ortsbestimmung des Kaffees im Prozess der Zivilisation«. In Daniela U. Ball (Hg.), *Kaffee im Spiegel europäischer Trinksitten*, Zürich 1991, 219–234.
14 CH XII, 979.
15 LH I, 307 (Brief vom 27.3.1836).
16 AMS, 35.
17 LH I, 443 (Brief vom 2.3.1838).
18 AMS, 43; LH I, 444.
19 AMS, 49.
20 *L'Anglais mangeur d'opium, traduit de l'anglais par A. D. M.*, Paris 1828, Handexemplar Balzacs in der Bibliothek der Maison de Balzac (Paris).
21 Obwohl der Dichter diese frühe Übersetzung nicht in seine Gesammelten Werke aufgenommen sehen wollte, steht sie am Beginn der ihm gewidmeten Pléiade-Ausgabe: Alfred de Musset, »L'Anglais mangeur d'opium« in: ders., *Œuvres complètes en prose*, hg. von Maurice Allem und Paul Courant, Paris 1960, 3–64. Wie aus Balzacs Korrespondenz hervorgeht, war er mit Musset nachweislich spätestens im Januar 1831 bekannt, also nur wenige Wochen nach dem Erscheinen von *L'Opium* (Vgl. den Brief Balzacs an Urbain Canel, 28.1.1831, Corr. I, 331).
22 So etwa die Vermutung der Herausgeber der bisher einzigen kritischen Ausgabe (OD II), die auch in einer neueren Ausgabe übernommen wird (*Contes et Nouvelles I 1820-1832*, Paris 2005, 640 ff.).
23 Vgl. die erste und nach wie vor ausführlichste Studie zu diesem Thema von Georges-Albert Astre, »H. de Balzac et l'Anglais man-

geur d'opium«, *Revue de littérature comparée* 15, 1935, 755–772, sowie die Bemerkungen bei Max Milner, *L'imaginaire des drogues. De Thomas De Quincey à Henri Michaux*, Paris 2000, 60–66.

24   Nicht umsonst hat diese Version bis heute keinen guten Ruf und Anlass zu teils sehr negativen Urteilen gegeben, die allerdings gemessen an anderen französischen Übersetzungen aus dieser Zeit (etwa von Adolphe François Loève-Veimars, der E. T. A. Hoffmann übertrug) nicht ganz gerechtfertigt scheinen. Vgl. Paul Sawyer, »Musset's Translation of Confessions of an English Opium-Eater«, *The French Review*, 42/3, 1969, 403–408.

25   Die Satire »Les litanies romantiques« erschien am 9.12.1830 in *La Caricature* (OD II, 822–827).

26   *Das Opium*, dieser Band, 67–70, für dieses und alle weiteren Zitate.

27   Honoré de Balzac, *Voyage de Paris à Java. Fait suivant la méthode enseignée par M. Ch. Nodier en son Histoire du roi de Bohême et de ses sept châteaux, au chapitre où il est traité par lui des divers moyens de transport en usage chez quelques auteurs anciens et modernes*, OD II, 1156.

28   CH X, 575 f.

29   CH X, 619.

30   Ebd., 576.

31   Charles Baudelaire, »Les Paradis artificiels«, in: ders., *Œuvres complètes*, Bd. I, hg. von Claude Pichois, Paris 1975, 439.

32   Vgl. dazu die Diskussion bei Milner (wie Anm. 23), 123 ff.

ZU DIESER AUSGABE

Der *Traité des excitants modernes* erschien erstmals im Mai 1839 bei Gustave Charpentier gemeinsam mit einer Neuauflage der *Physiologie du goût* von Brillat-Savarin. 1981 wurde der Text in den letzten Band der kritischen Pléiade-Ausgabe der *Comédie Humaine* aufgenommen, der einem Teil der ›Analytischen Studien‹ und Entwürfe gewidmet ist (CH XII, 303–328).

Bisher existierten auf Deutsch zwei Übersetzungen. Die erste erschien 1912 in der dreibändigen, von Alfred Wechsler (unter dem Pseudonym W. Fred) besorgten Textauswahl im zweiten Band der *Physiologie des Alltagslebens* unter dem Titel »Abhandlung über moderne Reizmittel« in München bei Georg Müller. Diese sehr freie Übertragung, die die Vorrede weglässt, wurde 1978 für die bisher einzige deutsche Separatausgabe des Textes nachgedruckt. Die zweite Übersetzung aus dem Jahr 2002 mit dem Titel »Abhandlung über die modernen Reizmittel« stammt von Christiana Goldmann und bildet dort den Abschluss der *Pathologie des Soziallebens*, darin der editorischen Entscheidung der neuen Pléiade-Ausgabe von 1981 folgend, allerdings ohne deren kritischen Apparat zu übernehmen.

Als Grundlage der hier vorgelegten Neuübersetzung dienten neben der Pléiade-Ausgabe die heute in der Bibliothèque de l'Institut aufbewahrten, von Balzac korrigierten Druckfahnen (Lov. A 225).

L'Opium erschien erstmals in Heft 2 von *La Caricature* am 11. November 1830 in der Rubrik »Fantaisies« unter dem Pseudonym »Le Comte Alex. de B....« und wurde später in die *Œuvres diverses* aufgenommen (OD II, 814–816). Die vorliegende deutsche Erstübersetzung folgt der Interpunktion des Erstdrucks in der Zeitschrift.

VERWENDETE ABKÜRZUNGEN

AB   *Année Balzacienne*

AMS   Balzac, *Abhandlung über moderne Stimulanzien* (dieser Band)

CH   Balzac, *La Comédie humaine*, Édition de la Pléiade, Paris, 1976–81, 12 Bände

Corr   Balzac, *Correspondance*, Édition de la Pléiade, Paris 2006–17, 3 Bände

LH   Balzac, *Lettres à Madame Hańska*, Paris 1990, 2 Bände

Lov   Sammlung Lovenjoul, Bibliothèque de l'Institut, Paris

OD   Balzac, *Œuvres diverses*, Édition de la Pléiade, Paris 1990–96, 2 Bände

INHALT

Abhandlung
über moderne Stimulanzien *5*
Anmerkungen *56*

ANHANG

Das Opium *67*
Anmerkungen *71*

Vorrede zur Erstausgabe *73*
Anmerkungen *78*

Eine Physiologie
moderner Exzesse
Nachwort von Andreas Mayer *81*
Anmerkungen *105*

Zu dieser Ausgabe *109*

Verwendete Abkürzungen *111*

Abhandlung über moderne Stimulanzien erscheint als Buch der Friedenauer Presse. Gegründet wurde die Friedenauer Presse 1963 in der Wolff's Bücherei im Berliner Stadtteil Friedenau, dem sie ihren Namen verdankt. Der Verleger Andreas Wolff, Enkel des Petersburger Verlegers M. O. Wolff, veröffentlichte bis 1971 in loser Folge 36 Drucke. Von 1983 bis 2017 wurde der Verlag von Katharina Wagenbach-Wolff geführt, seit 2020 ist die Friedenauer Presse ein Imprint des Verlags Matthes & Seitz Berlin.

FRIEDENAUER PRESSE
Wolffs Broschur

Erste Auflage Berlin 2023

© 2023 MSB Matthes & Seitz Berlin Verlagsgesellschaft mbH,
Großbeerenstraße 57A, 10965 Berlin

info@matthes-seitz-berlin.de

Alle Rechte vorbehalten.

Titel der Originalausgabe: *Traité des excitants modernes*

Frontispiz:
Erste Seite der Druckfahnen des *Traité des excitants modernes*
mit handschriftlichen Korrekturen und Veränderungen Balzacs.
Ms Lov. A 225, Collection Lovenjoul, Bibliothèque de l'Institut de France

Gestaltet und gesetzt von ciconia ciconia, Berlin.
Die Herstellung besorgte Hermann Zanier, Berlin.
Gedruckt und gebunden von Art-Druk, Szczecin.

ISBN 978-3-7518-8004-6

www.friedenauer-presse.de

Honoré de Balzac
Theorie des Gehens

Herausgegeben, aus dem Französischen
und mit einem Nachwort versehen von Andreas Mayer
249 Seiten, Broschur mit eingeschlagenem Schutzumschlag,
Fadenheftung

Balzacs Essay zur *Theorie des Gehens*, erstmals 1833 publiziert, zählt zu den bis heute kaum bekannten Schlüsseltexten seines Hauptwerks *Die menschliche Komödie*. In diesem formal einzigartigen und originellen Text bestimmt der junge Erfolgsautor seinen historisch-anthropologischen Zugriff auf die Gesellschaft seiner Epoche, als deren »Sekretär« er sich hier erstmals bezeichnet. Ausgehend von Beobachtungen an Spaziergängern auf den Pariser Boulevards, entwirft er ein »Gesetzbuch der Gangarten«, dessen Axiome zielsicher vom äußeren auf das innere Leben schließen. Die Gangart eines Menschen gilt als »Physiognomie des Körpers«, die das »Denken im Vollzug« und mit ihm alle menschlichen Tugenden und Laster, Arbeitsgewohnheiten und Krankheiten enthüllt. Auf zugleich unterhaltsame und gelehrte Weise verknüpft Balzac in seinem Essay die Demonstration seiner Methode mit wissenschaftlichen und philosophischen Reflexionen zur Praxis des Beobachtens und der Lage der Humanwissenschaften im Allgemeinen.

Friedenauer Presse

Honoré de Balzac
Traumreisen
China und die Chinesen
Reise von Paris nach Java

Herausgegeben, aus dem Französischen
und mit einem Nachwort versehen von Ulrich Esser-Simon
173 Seiten, Broschur mit eingeschlagenem Schutzumschlag,
Fadenheftung

Balzac ist niemals nach China oder Java gereist. In seinen beiden hier vorgestellten Reiseerzählungen schildert er »voyages imaginaires« – Reisen in der Fantasie. Hintergrund waren dem Autor zugetragene Berichte von Bekannten, die tatsächlich Reisen in den Fernen Osten unternommen hatten. Balzacs darauf aufbauende geniale »Gedankenexkursionen« sind geistreiche und amüsante Plaudereien, die viel über die originellen Inspirationen ihres Verfassers sagen. Immer wieder kommt der große Romancier charmant vom Thema ab. In zahlreichen Geistesblitzen und Seitenhieben zeigt er sich als unterhaltsamer und fantasiereicher Gesprächspartner, der seine Reisen wunderbar zu erträumen und auszumalen weiß und seine Leser augenzwinkernd daran teilhaben lässt. »China und die Chinesen« erscheint in diesem Band erstmals in deutscher Übersetzung, »Reise von Paris nach Java« in einer vollständig neuen deutschen Übertragung.

Friedenauer Presse